Eduard Nusser

Die Prostitution und deren Regulierung in Wien

von einem praktischen Arzte

Eduard Nusser

Die Prostitution und deren Regulierung in Wien
von einem praktischen Arzte

ISBN/EAN: 9783744630535

Hergestellt in Europa, USA, Kanada, Australien, Japan

Cover: Foto ©ninafisch / pixelio.de

Weitere Bücher finden Sie auf **www.hansebooks.com**

Die Prostitution

und

deren Regulirung in Wien.

Von

einem praktischen Arzte.

(Uebersetzungen in andere Sprachen werden vorbehalten.)

Wien 1863.

Verlag von Förster & Bartelmus.

Vorwort.

Der Gemeinderath von Wien hat zur großen Befriedigung der hiesigen Bevölkerung kürzlich den wichtigen Entschluß gefaßt, die seit Langem in der Schwebe befindliche Frage über die Regulirung der Prostitution einer endlichen Lösung zuführen zu wollen*).

So nothwendig und zeitgemäß dieser Entschluß ist, eben so schwer dürfte eine richtige und praktische Durchführung desselben sein, und fast ebenso schwer erscheint es in dieser Angelegenheit etwas Bestimmendes zu sprechen oder zu schreiben.

Trotz der anerkannten Wichtigkeit hat dieser Gegenstand selbst nur eine geringe wissenschaftliche Bearbeitung aufzuweisen, da man überhaupt nicht gerne von Dingen spricht, die leicht eine unreine Athmosphäre verbreiten wenn man sie berührt, und deren Besprechung für den Autor immer ein mißliches Unternehmen bleiben muß, da er sie natürlich nicht gerne auf eingehende gründliche Studien oder vielseitige langjährige Erfahrungen in diesem Fache stützen will, und doch eben nur Kenntnisse und Erfahrung zu einem öffentlichen Ausspruche in so allgemein maßgebenden Dingen berechtigen.

Trotz alledem wollen wir aber sprechen, denn es gilt hier ein großes und heiliges Interesse, das Glück und die

---
*) Geheime Sitzung desselben vom 16. Juli d. J.

Zukunft einzelner Familien nicht nur, sondern das sittliche Bestehen der Gesellschaft selbst, die offenbar bedroht wird durch das schrankenlose Ausarten der öffentlichen Prostitution, das seit einiger Zeit in Wien Platz gegriffen hat.

Wir halten es für die Pflicht eines jeden Berufenen, in solchen das ganze Publikum berührenden Angelegenheiten seine Stimme zu erheben und mitzusprechen, was er eben sprechen kann.

Als Arzt endlich finden wir in unserem Stande den wichtigsten, ja vielleicht den einzig kompetenten Richter in dieser Sache, was auch der Wiener Gemeinderath durch sein Ansuchen an das Doktoren-Kollegium der medicinischen Fakultät anerkannt hat.

Nach den in unserem Berufe gegründeten Erfahrungen werden wir also in den folgenden Blättern die Prostitution, ihren nützlichen und schädlichen Einfluß auf die Gesellschaft beleuchten, und uns bemühen, zur Abwehr oder Verminderung der sie nothwendig begleitenden Uebel taugliche Mittel aufzufinden und zu untersuchen *).

Es seien diese Worte die offene Antwort eines Einzelnen auf den zeitgemäßen Entschluß unserer Gemeindevertreter! Mögen sie beitragen zum wahren Verständnisse, zur richtigen Beurtheilung und zur baldigen energischen Eindämmung dieses mit beispielloser Frechheit zur Schau getragenen empfindlichen Uebels unserer gegenwärtigen öffentlichen Zustände.

---

*) Als Quelle des historischen Theiles unserer Arbeit benützten wir eine im Jahre 1846 in Berlin im Verlage von A. Hofmann & Comp. erschienene anonyme Schrift über die Prostitution in Berlin.

Der Verfasser.

1. Ueber die Prostitution im Allgemeinen.

Vorkommen der Prostitution bei allen Kultur-Völkern. — Sie kann nicht ausgerottet werden. — Sie ist eine Folge der menschlichen Kultur und ein nothwendiges Uebel in derselben.

Unter **Prostitution** verstehen wir die **bezahlte sinnliche Liebe, das Gewähren physischer Liebe von weiblicher Seite für Geld**; ein eigentliches und meist öffentliches Feilbieten des Leibes zur geschlechtlichen Benützung für Geld*)!

Die **Prostitution** bestand von jeher in jeder größeren menschlichen Gesellschaft, die auf einem bestimmten verhältnißmäßig kleinen Raum beisammen wohnte, und ist **so alt als die Geschichte der menschlichen Kultur, ja als die Kultur selbst**, denn so weit unsere Kenntnisse über diese reichen, so weit finden wir auch Nachricht über jene.

Dieses stete Zusammentreffen der Prostitution mit der Kultur der Völker aller Zonen deutet auf einen nothwendigen Zusammenhang beider, und muß auch die Erstere wirklich **als eine Folge, als ein Ergebniß der Letzteren betrachtet werden**.

Unsittlichkeit jeder Art finden wir wohl auch bei allen Naturvölkern; aber nicht die Entlohnung einzelner Begünstigungen weiblicher Reize, nicht einen eigentlichen Handel mit diesen von Seite der Besitzerinnen selbst. Im Naturzustande, wo den Menschen eben Nichts hindert naturgemäß zu leben, ist keine Veranlassung zum Entstehen dieser Erscheinung. Ganz anders verhält sich dieß bei vorgeschrittener Kultur, welche die natürlichen Verhältnisse der Menschen so sehr verändert, daß es vielen Tausenden nur gestattet ist, das Leben allenfalls — zu sehen, nicht aber selbst zu fühlen und gesetzlich zu genießen! Da aber mit der Schwierigkeit oder Unmöglichkeit der natürlichen Befriedigung menschlicher Bedürfnisse und

---

*) Wir werden mit Umgehung der bisher gebräuchlichen teutschen Ausdrücke die Repräsentantinnen dieses Geschäftes in vorkommenden Fällen **Geldmädchen** nennen.

Leidenschaften durch die Kultur nicht auch zugleich eine Abschwächung oder ein völliges Verschwinden derselben geschaffen werden kann, so entstehen folgerichtig neue verschiedenartige Erscheinungen, die deren mehr oder minder künstliche Befriedigung besorgen.

Der Geschlechtstrieb ist der heftigste und unwiderstehlichste aller menschlichen Triebe. Von diesem Triebe gequält wird der Mensch zum Thiere, und es gehört wirklich ein hoher Grad von Bildung, ein gewaltig überlegener Geist, eine edle Reinheit des Gemüthes dazu, in den Jahren der Kraft und Gesundheitsfülle der natürlichen Geschlechtsaufregung widerstehen zu können. Nur Wenigen ist diese gewaltige Selbstbeherrschung verliehen! Die meisten lassen sich treiben durch das Wallen ihres Blutes, durch die Macht des sinnlichen Verlangens und gerathen, wenn sie diesem stürmischen Anbringen nicht friedlich genügen können, in Ausbrüche toller Leidenschaft oder auf naturwidrige Abwege.

Daher finden wir, wie bemerkt, die Prostitution zu allen Zeiten und in allen Ländern, nach Zonen und nationalen Leidenschaften in größerer oder geringerer Ausbreitung und Heftigkeit. Bei den Völkern der südlichen Zonen tritt sie natürlich viel heftiger hervor als bei denen der nördlichen.

Wir finden sie schon zu den Zeiten des klassischen Alterthums, besonders in Rom und Griechenland; ja es unterliegt keinem Zweifel, daß sogar einzelne Theile des religiösen Kultus dieser Völker Ausgeburten der ärgsten Unsittlichkeiten waren. Wir erinnern hier nur an den Dienst der Venus, des Bacchus, des Priapus, der Isis und an die Mysterien der Alten.

Die Römer sowohl als die Griechen hatten bereits vollständig organisirte Bordelle.

Im Mittelalter tritt die Prostitution am allerungebundesten in Frankreich und Italien hervor. Die noch vorhandenen Reste der Literatur jener Zeit gewähren uns Schrecken erregende Zeugnisse von der damals herrschenden Sittenlosigkeit, in der die Herrscher selbst nicht selten den Völkern mit eifrigem Beispiele vorangingen. So sind die Ausschweifungen der französischen Könige, Heinrich II., Karl IV., Heinrich III. und IV. und des Zeitalters der Katharina von Medicis zur Genüge bekannt. Auch die Königin von Navarra ging ihren Unterthanen als trauriges Vorbild voran.

Franz I. hielt eine ganze Heerde von Dirnen in seinem Solde, die er zuletzt, als er von ihnen spezifisch erkrankt war, seinen Dienern überließ; er selbst starb als ein Opfer der Syfilis.

„Zur Hochzeitsfeier der Prinzessin Isabeau von Baiern" erzählt ein zuverlässiger Chronist „gab man in der Abtei St. Denis Feste, welche die Bachanalien und Saturnalien der alten Römer weit übertrafen. Bei einem solchen Feste erschienen die Herren und Damen des Hofes in der Abtei verlarvt, aber sonst völlig nackt unter einem Mantel oder Domino. Wir scheuen uns fast weiter zu sprechen, denn auch diese wenigen Hüllen mußten fallen während des Tanzens auf ein gegebenes Zeichen, beim Verlöschen der Lichter u. s. w."

Das Großartigste darin leisteten damals aber die kleineren italienischen Fürsten. Die Namen Theodora, der Witwe des Markgrafen Adalbert, des Königs Hugo, des Cäsar und Ludwig Sforza u. s. w. genügen.

In den späteren Zeiten lieferten einige Ludwige in Frankreich, besonders der XIV. hiezu viele würdige Seitenstücke.

Während der französischen Republik liefen die Geldmädchen in Paris von jeder Fessel befreit, halb nackt, mit herunterhängenden Haaren, mit entblößten Schultern und hervorquellendem Busen umher; die kaiserliche Polizei schränkte später die Zügellosigkeit derselben auch sehr wenig ein. Sie waren die besten Agenten und Spione, und dann waren sie erforderlich, das Heer, die Hauptstütze des ersten Kaiserreiches, in guter Laune zu erhalten.

Die Rückkehr der Bourbons verminderte erst die Privilegien der Geldmädchen wieder, und die Julirevolution vertrieb sie selbst aus ihrem Paradiese, dem Palais-Royal.

Zu Ende der Vierziger Jahre schätzte man ihre Zahl in Paris auf 30.000.

Die Sitten der Germanen waren ursprünglich rein und keusch; Tacitus entwirft uns ein Bild von ihnen, das sie in jeder Beziehung als wahre Ideale erscheinen läßt.

Durch den Verkehr mit den Römern und späterhin mit den Bewohnern des heutigen Frankreichs, litten zwar die Sitten der Germanen ebenfalls bedeutend, aber dennoch zeichneten sie sich vor den meisten ihrer Nachbarvölker fortwährend vortheilhaft aus. Namentlich in der Zeit der sogenannten Minne schenkte man dem weiblichen Geschlechte eine überaus hohe Achtung und Verehrung, welche ein mächtiger Schutz gegen mannigfache Ausschweifungen wurde.

Ein streng sittlicher Zustand herrschte die längste Zeit in den größeren Reichsstädten, wo er in dem damals so mächtig ausgebildeten Zunftwesen eine äußerst energische Stütze fand.

Auf dem Lande, namentlich in den vielen Ritterburgen und an

den Höfen der kleinen Fürsten war dagegen ein sehr wüstes Leben und Treiben zu Hause. Hier hatten schon die Kreuzzüge und die in Folge derselben erlangte Bekanntschaft orientalischer Ausschweifungen frühzeitig einen Verfall aller Sitten begründet.

In den letzten Jahren vor der Reformation hatte sich dieser Sittenverfall allmälich über ganz Deutschland verbreitet. Namentlich mißbrauchte man die allgemeinen Volksvergnügungen, das Baden und Tanzen, und die religiösen Zusammenkünfte, besonders die Wallfahrten. Der gewaltige religiöse Aufschwung zur Zeit der Reformation hatte die Sittlichkeit wieder mächtig gehoben; aber leider erstickte der unglückliche dreißigjähre Krieg diese goldene Saat abermals im Keime. Es brauchte lange Zeit bis man sich von den Nachwehen dieses unglücklichen Krieges zu erholen vermochte, und als endlich der Segen des Friedens Früchte zu bringen begann, sandte der Abglanz des Zeitalters Ludwig XIV. seine verheerenden Strahlen auch nach Deutschland herüber, und erzeugte hier allmälig einen Zustand der Unsittlichkeit, der von dem französischen selbst nur durch den Nationalcharakter verschieden war.

Ganz merkwürdig ging es auch damals in Wien zu. In unserer Vaterstadt hatte sich nämlich die Prostitution von ganz Deutschland am mächtigsten entwickelt. Es gab zwar kein Privilegium für sie, aber die Zahl der geduldeten Geldmädchen war eine Legion! —

Abscheuliche Dinge werden da ganz offen, sogar der größeren Hälfte des weiblichen Geschlechtes nachgesagt, und muß es namentlich am Ende des vorigen Jahrhunderts in dieser Beziehung in Wien etwas arg gewesen sein, denn ein im Jahre 1784 erschienenes Buch: „Die Galanterien Wiens, auf einer Reise gesammelt und in Briefen geschildert von einem Berliner", berichtet uns Wunderdinge darüber.

Gegen diese Ereignisse war hauptsächlich die Wirksamkeit der von unserer großen Kaiserin eingesetzten berüchtigten Keuschheitskommission gerichtet.

Nächst Wien stritten sich, was die Ausbildung der Prostitution betrifft, Berlin und Hamburg um den Vorzug. Der sogenannte Hamburger Berg hat durch seine Bordelle in der ganzen Welt eine verdiente Berühmtheit erreicht.

Wie in Hamburg, so gab es vor Jahren in Berlin und in allen deutschen Reichsstädten Bordelle. Die Zahl dieser Häuser vermehrte sich mit der Zunahme der Bevölkerung und der Einrichtung der neuen Heeresorganisation. Im Jahre 1780 waren in Berlin an hundert dergleichen Häuser vorhanden, in deren jedem 7—9 Mädchen gehalten wurden.

So ging's und geht es auf der ganzen Welt, in der neuen sowie in der alten.

In New-York hat die Prostitution den höchsten Grad erreicht; vor zehn Jahren ungefähr kam dort auf je 7 Mitglieder der männlichen Bevölkerung ein Geldmädchen! — in Paris auf je 15 Männer, in London auf 10; die Gesammtheit dieser Damen schätzte man damals in letzterer Stadt auf 90.000.

In London sind keine Gesetze zur Regelung der Prostitution, aber nirgends ist diese gräßlicher, bestialischer und scheußlicher als dort. Nirgends wird der Raub junger Mädchen und die Entführung kleiner Kinder in die heimlichen Kuppelspelunken ärger betrieben. Sobald die Nacht einbricht, findet man in London auf allen Straßen und öffentlichen Plätzen eine unglaubliche Menge von Mädchen, die ihrem Gewerbe nachgehen.

Um Mitternacht verlieren sie sich allmälig und machen alten ausgedienten Dirnen Platz, welche aus ihren Schlupfwinkeln hervorkommen, die Betrunkenen zu berücken, die von ihren Gelagen taumelnd zurückkehren. Die Unsittlichkeit geht manchmal so weit, daß Mädchen von 8 — 9 Jahren in den Straßen herumziehen, ihre guten Dienste anbietend.

Die Polizei entwickelt hiebei eine solche Geduld, daß sie ruhig zusieht wie einzelne Tavernen-Wirthe vollständige mit naturhistorischen Beschreibungen verbundene Namensverzeichnisse ihrer Mädchen drucken lassen und öffentlich vertheilen, und eine solche list of ladies in wenigen Tagen oft eine Auflage von 8—10.000 Exemplaren erlebt.

Man glaube aber ja nicht, daß im Verlaufe der Jahrhunderte nicht oft und energisch gegen die Prostitution angekämpft wurde. Sowie gegen die Unsittlichkeit im Allgemeinen, so wurden gegen die Prostitution speziell alle geistigen Waffen geschwungen, alle Mittel der materiellen Gewalt in die Schranken geführt.

Zumeist war es das Christenthum selbst, das in seiner heiligen Mission vorzüglich bemüht war dem mächtigen Drange des Geschlechtstriebes Grenzen und Regeln zu setzen, seine Zügellosigkeit zu beschränken, da von einer richtigen Ueberwachung und Veredlung desselben das Bestehen und das Wohl des ganzen Menschengeschlechtes abhängig sind.

In verschiedenen Zeitabschnitten haben diese heiligen Lehren auch wirklich schöne Früchte getragen; insbesondere in Deutschland, wo die weltliche strenge Gesetzgebung die Lehren der Kirche gegen die Unsittlichkeit mächtig unterstützte. Im Mittelalter wurde ein gefallenes Mädchen hart bestraft, und durfte von keinem zünftigen Handwerker geehlicht werden; uneheliche Kinder galten für unehrlich und durften in keine makellose Zunft eintreten.

Ehebruch und andere Fleischesverbrechen konnten nur mit dem Tode gesühnt werden.

Unsere Eingangs genannte Quelle erzählt nach „Fidicius biplomatischen Beiträgen zur Geschichte der Stadt Berlin": Die deutschen Gewohnheitsrechte verlangten, daß man sich mit einer tugendhaften und unbefleckten Jungfrau ehelich verbinden müsse, und die Benennung „Hurenkind" galt als das ärgste Schimpfwort.

Die ersten deutschen Gesetzbücher verordneten schimpfliche Strafen gegen Lohnliebe und einzelne germanische Völkerstämme gingen so weit, daß sie ihre Töchter, die im älterlichen Hause einen Fehltritt begangen hatten, umbrachten und verbrannten, damit jede Spur von ihnen vertilgt würde.

Den Ehebruch bestrafte man noch am Ende des sechzehnten Jahrhunderts mit dem Tode. „So wurde in Berlin im Jahre 1584 Ursula Ziesemer ertränkt und Kaspar Hertz geköpft, weil beide längere Zeit Ehebruch getrieben, und im Jahre 1592 wurden der Jungfernknecht und der Rathsfischer enthauptet, weil sie bei Bellin's Ehefrau geschlafen hatten." (Nach Berliner Magistrats-Akten.)

Besonders hart verfuhr man mit den Kupplern. Nach unserer Quelle wurden in genannter Stadt „um das Jahr 1390 Jesman und sein Weib, weil sie ihre Töchter verkuppelt hatten, sammt ihrem Helfershelfer Peter Ryle öffentlich verbrannt."

„Auch des Mathias Weib, die dazu behilflich war, daß Jakob von dem Ryne die Ehefrau eines Anderen genießen und entführen konnte, traf ebenfalls die Strafe des Verbrennens."

Kam eine Jungfrau zum Falle, so mußte sie ihr Lebelang mit geschorenem Haupte und mit einem über dem Kopf geworfenen Schleier oder Mäntelchen von Leinwand gehen. Nach den Rechnungen des sechzehnten Jahrhundertes mußten die gefallenen Mädchen in Berlin auf das Rathhaus kommen, wo ihnen der Büttel die Haare schor, und sie mit diesem Schleier bekleidete. Dieselbe Strafe ward auch an Witwen vollzogen, welche während ihres Witwenstandes sich vergangen hatten. Jeder Meister einer Gilde, welcher heiraten wollte, mußte dem Gewerke seine Braut vorstellen, über deren Unbescholtenheit man sorgfältige Nachforschungen anstellte. Wer wider die Bestimmung der Gilde eine bescholtene Person heiratete, wurde aus derselben verstoßen.

Außer diesen Eheſtrafen wurden geſchwächte Perſonen noch körperlich gezüchtigt, wofür ſpäter Geldſtrafen eintraten.

Ehebruch ward im Jahre 1653 noch mit Ausſtellung am Pranger, Ruthenhieben und ewiger Landesverweiſung, bei mildernden Umſtänden aber durch Geld- und Kirchenſtrafen gebüßt.

Die zuweilen ſelbſt ſchreckliche Strenge der Kirchenſtrafen gegen Vergehen der Sittlichkeit iſt hinlänglich bekannt.

Die Proſtitution zu brandmarken und zu vermindern erhielten die Geldmädchen damals in Deutſchland zwangsweiſe eine eigene Tracht, ihre Schande allgemein kenntlich zu machen.

In Berlin mußten z. B. die feilen Dirnen zum Unterſchiede von den ehrlichen Frauen und Jungfrauen nach den Rathsſtatuten vom Jahre 1486, kleine Mäntelchen in Form von Schleiern auf den Köpfen tragen. Dieſer Gebrauch beſtand dort noch im Jahre 1584. Es kommt nämlich in der Kämmereirechnung dieſes Jahres eine Ausgabe von 28 Gr. für einen Schleier vor, mit welchem man das „junge Hurchen", der Krumbecken Tochter, bekleidete.

Beſonders waren es die Verheerungen der Syfilis und die Furcht vor dieſer Krankheit, die die Geſetzgeber zwangen, allmälich durchgreifende Mittel gegen die Proſtitution zu ergreifen, da ſich Proſtitution und Syfilis mehr und mehr als zwei völlig mit einander vereinigte Uebel zeigten. Dieſe Krankheit verſchaffte eigentlich den Geſetzen gegen die Proſtitution erſt Anſehen und Achtung; die Geſetze finden wir ſchon lange vor dem Erſcheinen der erſteren, aber Niemand dachte daran, ſie ernſtlich zu halten.

In Rom und Byzanz erſchienen unter der Regierung Konſtantins, der beiden Theodoſius und des Juſtinian Verordnungen, welche den Geldmädchen mit Wegnahme ſämmtlicher Hausgeräthe, mit Geißel, Verbannung, ja ſelbſt mit dem Tode drohten.

Für Frankreich verordneten die Kapitularien Karls des Großen Gefängniß, Pranger und Peitſchen gegen die Geldmädchen. Die Kuppler ſollten die von ihnen unterhaltenen Mädchen auf dem Rücken zum Schandpfahl ſchleppen, und dann mit ihnen gleiche Strafe erleiden.

Weniger hart und deßhalb auch weniger unpraktiſch waren die Geſetze Ludwigs des Heiligen, der im Jahre 1224 nach ſeiner Rückkehr aus dem gelobten Lande die Pariſer Dirnen in beſondere Straßen und Viertel verwies, und zwar in dieſelben Straßen, die ſie bis in die neueſte Zeit inne hatten.

In einer Ordonnanz des Prévôt von Paris vom Jahre 1360 wurde allen liederlichen Mädchen bei Strafe der Konfiskation geboten, auf ihren Kleidern weder Gaze, noch Seide, Perlen, Silber oder graues

Pelzwerk zu tragen. Drei andere Polizeireglements von den Jahren 1415, 1419, 1420 und ein Beschluß des Pariser-Parlamentes vom 17. April 1426 enthielten dasselbe Verbot.

Diese Gesetze wurden nach Berichten zuverlässiger Quellen auch wirklich mit aller Strenge gehandhabt.

In Folge der immer gräßlicher auftretenden Verheerungen der Syfilis versuchte man auch mehreremale eine **vollständige Ausrottung der feilen Mädchen aus Paris**, und erschienen besonders 1560, 1565 und 1619 Gesetze und Verordnungen, welche dieses Resultat hervorbringen sollten.

Die wirkliche Ausrottung der Prostitution ist niemals und keinen noch so bestimmten Gesetzen, keiner drakonischen Strenge gelungen; sie ist vielmehr nach ihrer ganzen Erscheinung **ein in ununterbrochener Neubildung begriffenes Resultat der Kultur selbst**, und so tief gegründet in den physischen und moralischen Eigenschaften des Herrn der Schöpfung männlichen und weiblichen Geschlechtes, so innig verbunden mit dem ganzen Wesen desselben, daß eben ein solches Unternehmen ganz unmöglich gelingen konnte.

Die Natur selbst, die in ihren Werken unvergleichlich gewaltiger ist als der Mensch, hat ihre Macht umsonst dem Bestehen der Prostitution entgegengestellt! Die syfilitischen Krankheiten, die seiner Zeit so viel waren wie sicherer, schrecklicher Tod, — der Tod langsamer Verwesung bei lebendigem Leibe, — hatten bei ihrem Auftreten ungeheure Furcht und Entsetzen verbreitet, die Prostitution aber doch nicht vernichtet.

„Im Jahre 1497 am 6. Mai war in Paris ein höchst grausamer Parlamentsbeschluß ergangen, der bei Strafe der Ersäufung verordnete, daß alle mit Venerie behafteten Fremden nach ihrer Heimat zurückkehren, die wohlhabenden Einwohner nicht ihre Häuser verlassen, und die armen Leute sich in ein besonderes dazu eingerichtetes Haus begeben sollten."

An Einleitung eines Heilverfahrens dachte man in diesem Hause nicht; es kam nur darauf an, die unglücklichen Kranken, denen Niemand Linderung ihrer Leiden zu bringen verstand und denen die Glieder stückweise vom Leibe faulten, von aller Kommunikation abzusperren. Erst 1563, also beinahe ein halbes Jahrhundert später, dachte man daran, venerische Kranke auf Staatskosten zu heilen; aber welche Ansichten man damals von der Syfilis hatte, beweiset der Umstand, daß man Venerische, Grindköpfige, Epileptische, Wahnsinnige und mit dem St. Veitstanz Behaftete in die nämliche Kategorie zusammenwarf, und bis zum Jahr 1700 alle mit der Venerie behafteten Personen vor und nach der Heilung tüchtig durchpeitschte. Gewiß, man wird von Schauder und Abscheu ergriffen, wenn man an den Jammer und das Elend denkt, welches damals in jenen Spitälern, Jahrhunderte hindurch geherrscht haben muß. Dennoch blühte die Prostitution unaufhaltsam fort!

Dieß Alles berechtiget uns wohl zu dem Schlusse:

Die Prostitution ist ein Uebel, aber ein in den menschlichen Eigenschaften selbst und in den Verhältnissen unserer Kultur gegründetes nothwendiges Uebel.

Darüber glauben wir nun auch längst schon die Akten geschlossen, und es wird wahrhaftig keinem noch so sittenstrengen Gesetzgeber mehr einfallen können, in unserem Jahrhunderte einen Ausrottungskampf gegen die Prostitution unternehmen zu wollen, und gliche jetzt, nach so ausreichenden vielfältigen Erfahrungen, nach richtiger Einsicht in das Wesen derselben, ein solches Unternehmen wirklich mehr einem Attentate auf die sittliche Existenz der menschlichen Gesellschaft, als einer vernünftigen Handlung.

Es hat unsere Gesetzgebung noch in neuerer Zeit, selbst in unserer eigenen Vaterstadt, die Erfahrung gemacht, daß Gesetze, die, wenn auch noch so edlen Absichten entsprossen, gegen die Natur des Menschen und der Gesellschaft verstoßen, leicht die traurige Folge mit sich bringen, das betreffende Uebel zu verschlimmern statt zu verbessern. Wir meinen die zur Ausrottung der Prostitution in Wien im vorigen Jahrhunderte von unserer großen Kaiserin eigens eingesetzte Inquisition, die Tribunale der Keuschheits-Kommission.

Es ist eine historische Thatsache, daß diese Einrichtung ihren Zweck völlig verfehlte; sie stiftete Familienunglück aller Art, sie beförderte nur die allgemeine Unsittlichkeit, indem sie öffentlichen Skandal erregte, die raffinirtesten Intriguen erzeugte und das weibliche Geschlecht den Wünschen der Männer nur noch geneigter machte!

Kaiser Josef schaffte daher die ganze Einrichtung mit Recht ab.

2. Nutzen der Prostitution für die Gesellschaft.

Sie schützt die Familien vor Verführung und gewaltsamer Zerstörung ihres sittlichen Bestehens, und bewahrt den Menschen vor unnatürlicher Befriedigung des Geschlechtstriebes.

Die öffentliche Prostitution ist ein Schutz für den sittlichen Bestand der Familien.

Bei dem Mangel an Geldmädchen würde die Verführung und die rohe physische Gewalt ungleich größere Verheerungen in unseren Familien anrichten, viel mehr Menschenglück und Menschenruhe zerstören. Tausend leidenschaftliche, ja oft bestialische Menschennaturen finden durch dieses Institut auf eine dem sittlichen Bestehen der Gesellschaft im Ganzen unschädliche Weise Befriedigung ihrer Begierden.

Die unglücklichen, meist freiwilligen öffentlichen Dienerinnen der Geschlechtslust schützen die Familien vor Tausenden von Schändungen unschuldiger Kinder oder tugendhafter Frauen, verhindern Tausende von Kindesmorden, und erretten unzählige Mitmenschen von Irrsinn und Selbstmord, diesen traurigen Resultaten menschlicher Leidenschaften und menschlichen Unglückes!

Je sittlicher unser Familienleben erhalten werden soll, desto nothwendiger erscheint also auch die Prostitution.

Erleuchtete Gesetzgebungen haben diesen Satz auch jederzeit anerkannt und in ihren Anordnungen gebührend gewürdigt.

So finden wir z. B. zur Zeit der höchsten Sittenreinheit des Mittelalters in fast allen deutschen Reichsstädten, wie in Nürnberg, Genf, Worms, Speyer, auch in Wien, nicht nur gebuldete, sondern vollständig privilegirte Bordelle.

In jener Zeit, wo für das weibliche Geschlecht der außereheliche Umgang so sehr verpönt war, konnte denn auch das Institut der Bordelle gar nicht entbehrt werden, da doch irgend ein Ableiter für die Ausbrüche der rohen Sinnlichkeit vorhanden sein mußte.

Die Prostitution wird nur entbehrlich, wenn eine allgemeine Sittenlosigkeit in die Familien selbst einbricht. Wenn unsere Frauen und Töchter keinen Anstand nehmen der Befriedigung männlicher Begierden zu dienen, — dann sind die Geldmädchen überflüssig!

Und wirklich begegnen wir in der Geschichte der Menschen mehrmals einer so allgemeinen Sittenlosigkeit der Frauen und Mädchen, daß die Prostitution verkümmerte, und die Geldmädchen verschwanden, weil sie nicht mehr leben konnten von ihrem Geschäfte.

„In Genua", sagt der Verfasser der „lettres sur l'Italie", etwa um das Jahr 1600, „herrscht die Unzucht so sehr, daß es öffentliche Dirnen gar nicht mehr gibt."

„Hier in Rom," fährt derselbe Autor fort, „ist die private und heimliche Lohnliebe so sehr verbreitet, daß die öffentliche um ihren Erwerb gekommen ist und kaum mehr bestehen kann. Es sind zuletzt nur wenige anerkannt öffentliche Dirnen übrig geblieben, da man deren nicht ferner bedarf."

Die Prostitution schützt überdieß noch den Menschen vor sich selbst; — in ihr liegt die Möglichkeit einer Rettung vor der Unnatur in der Befriedigung geschlechtlicher Leidenschaften.

Ganze Blätter unserer Geschichte sind gefüllt mit den Nachrichten über solch' schauderhaften sittlichen Verfall! Ja es gab eine Zeit im klassischen Alterthume, in der die ausschweifende Ueppigkeit, die Sucht nach unnatürlicher Verfeinerung des Genusses sinnlicher Lust auf einem so hohen Grade der Scheußlichkeit angelangt war, daß eine natürliche Begattung fast gar nicht mehr stattfand; daß die Weiber überhaupt, und selbst die Schönsten ihres Geschlechtes, als vollständig überflüssige Geschöpfe erschienen.

Nach solchen Perioden wird das Wiederauftauchen der öffentlichen Prostitution sogar ein Trost für den Geschichtsfreund, denn es liefert ihm den wohlthuenden Beweis, daß die Menschen nun wieder begonnen haben — Menschen zu werden.

3. Nachtheile der Prostitution für die Gesellschaft.
Die Unmoralität ihres Bestehens — specifische Krankheiten.

Die Prostitution bringt natürlich der Gesellschaft neben ihren Vortheilen auch viele und schwere Nachtheile mit; sonst wäre sie ja kein Uebel.

Als besondere Nachtheile, natürliche Folgen der Prostitution erscheinen:

1. Die Unsittlichkeit ihres Bestehens an und für sich.

Sie ist eine offene Verletzung des Sittengesetzes, die um so nachtheiliger einwirkt, als sie berufen ist, wieder neue Unsittlichkeiten zu erzeugen. Sie ist die natürliche Versuchung des Fleisches und strebt nur nach neuen Opfern und Anhängern, also nach Verbreitung der Unsittlichkeit, wobei sie mächtige Stützen findet an den eigenen Leidenschaften der Menschen und an der gewerbsmässigen Verführung.

Was die Leidenschaften der Menschen in eigener Thätigkeit nicht vermögen, das sucht die dem Gewerbe selbst eigene natürliche Verführung zu vollenden, und was dieser entgeht, das ergreift die in der Prostitution gegründete organisirte Verführung, die Kuppelei, die immer fürchterlicher ihre Geißel um unsere Häupter schwingt und selbst Kinder ihren eigenen Müttern gegenüber in Gefahr bringt.

Diese Ausgeburt der Hölle kennt alle Falten des menschlichen Herzens und weiß sich alle Leidenschaften unseres Geschlechtes dienstbar zu machen. Täuschungen des Lebens und der Liebe wird durch ihre erfahrenen Lehren materieller Trost, betäubendes Vergessen geboten. Verlassensein, Armuth und Noth werden mit teuflischer Hand als willkommene Verbündete ergriffen, und alle mögliche Schlechtigkeit des menschlichen Charakters zur Grausamkeit der Hyänen aufgestachelt, in der zuweilen selbst Eltern und Verwandte mit Behagen ihr eigenes Blut verzehren.

Wenn die Vergangenheit so mancher jetzt in öffentlicher Schande herumwandelnder Mädchen und Frauen bekannt wäre, wie oft müßten wir nicht fragen: „Wer wirft den Ersten Stein auf sie?!"

Wer kennt nicht die Geheimnisse des menschlichen Herzens, die oft mit unwiderstehlicher Gewalt das weibliche Geschlecht an heuchlerische Liebe ketten, welche mit dämonischem Geschicke das Gift der Sittenlosigkeit und Schande selbst der reinsten Seele einzuimpfen weiß; wer hätte nicht gehört von den harten Prüfungen der Armuth und Noth, — und wie lange diese oft, trotz Hunger und Kälte, trotz wunden Fingern und erblindenden Augen, der unabläffig drängenden Versuchung zu widerstehen vermögen!

Die tägliche Vermehrung der Prostitution liegt in ihrer eigenen Natur; sie arbeitet rastlos, von tausend geheimen Mächten unterstützt, an ihrer Kräftigung und Verbreitung und muß endlich, wenn die rechtzeitige Bewältigung ihrer keimenden Macht vernachläßiget wurde, als mächtiger Strom alle Hindernisse niederreißen, die ihrem Laufe hemmend in den Weg treten. Sie wird immer herausfordernder und frecher; die Ehrbarkeit kann bald nicht mehr öffentlich erscheinen, und die Häuslichkeit, das Heiligthum der Familie, wird von ihrem Hauche vergiftet. Sie vernichtet jede häusliche und öffentliche Tugend, schafft einen ungerechtfertigten Luxus, dessen natürliche Folgen einen weiteren Verfall der Sitten, ein physisches und moralisches Ausarten der Menschheit bedingen. Die menschliche Gesellschaft kann endlich der allgemeinen Demoralisation nicht mehr entfliehen.

Wir finden solch' traurige Epochen in unserer Geschichte verzeichnet, aus welchen nur große gewaltsame Erschütterungen, allgemeine öffentliche Kalamitäten, oder ein neuer religiös sittlicher Aufschwung die Menschheit zu retten vermochten.

2. Krankheiten.

Ein sehr bemerkenswerthes Uebel der Prostitution sind die durch sie erzeugten und weiter verbreiteten spezifischen Krankheiten, über deren schreckliche Erscheinungen und Folgen wir bereits im vorigen Abschnitte gesprochen haben.

Diese Krankheiten treten wohl jetzt an und für sich nicht mehr so heftig und zerstörend auf, und hat gerade an ihnen die Wissenschaft große Triumphe gefeiert, gerade an ihnen die Menschheit den Segen ihrer Fortschritte kennen zu lernen Gelegenheit gehabt.

Man kennt jetzt die Natur und die Eigenschaften derselben, weiß sie zu heilen und ihre nachtheiligen Folgen zu beseitigen. Unmittelbarer Tod durch sie allein kommt wohl gar nicht mehr vor; und doch hat dieses Uebel seinen Stachel noch nicht verloren, denn noch immer wird es in besonderen Fällen die Ursache des lebenslänglichen Unglückes Einzelner nicht nur, sondern auch das heimliche Vermächtniß an unschuldige Nachkommen, die Geißel und das Verderben jüngerer Generationen.

Wie tief dieses Unglück besonders in die unteren Schichten der

Gesellschaft eingebrungen ist, davon wissen Gebär- und Findelanstalten, dann die öffentlichen Krankenhäuser überhaupt zu erzählen.

Die spezifischen Krankheiten werden natürlich zahlreicher, wenn die Prostitution selbst eine größere Ausbreitung findet, und von Seite der Gesundheitsgesetze keine Kontrole über dieselbe geführt wird.

Durch ein Uebermaß geschlechtlichen Genusses wird überdieß **eine Entnervung und Schwächung ganzer Generationen erzeugt**, und nicht selten in einzelnen Fällen **Stumpfsinn** und **Irrsinn verursacht**.

4. Die Prostitution und das Gesetz.

Nachdem wir die beiden Hauptübel der Prostitution, diese Furien des ewigen Krieges des Lasters gegen die Tugend, der Krankheit und Erschlaffung gegen die Gesundheit und Kraft des menschlichen Geschlechtes, kennen gelernt haben, wollen wir nun Mittel aufsuchen, welche bestimmt sind, die von jenen geschlagenen Wunden zu heilen, oder mehr noch, dieselben von Vorhinein unmöglich, oder doch seltener und weniger schädlich zu machen.

Kann die **Nothwendigkeit des Bestehens der Prostitution nicht bestritten** und der Versuch ihrer Ausrottung nach den obigen Ursachen nicht gebilliget werden, so muß es um so dringender erscheinen, daß die **Gesetzgebung sie unter ihre spezielle Botmässigkeit bringe**, und einer strengen Ueberwachung anheimgebe, weil sie nur dadurch allein in den nothwendigen Schranken erhalten, und ihre Folgeübel auf das mögliche Minimum herabgedrückt werden können.

Ein gesetzliches Uebersehen, ein einfaches passives Dulden dieses Uebels können wir nimmermehr gutheißen; denn einmal hat diese Duldung eine **viel zu geringe Gewalt über das Uebel selbst,** und dann ist sie die **Zwillingsschwester der Willkür,** und führt in vielen Fällen ganz unbewußt zur nicht gerechtfertigten Beeinträchtigung der persönlichen Freiheit des Menschen. Wir wollen aber nicht nur **Schutz vor den bösen Folgen nothwendiger gesellschaftlicher Uebel: wir müssen auch in Jedem, selbst in dem Elendesten unserer Mitmenschen, die menschliche Würde anerkannt und gesetzlich geachtet wissen.**

Wir werden jetzt nicht näher eingehen auf die Frage, wie eigentlich das Gesetz im Allgemeinen der Prostitution gegenüberstehen solle; wir wollen diese Erörterung der Bündigkeit wegen in einem späteren Abschnitte mit den für Wien speciell nothwendig erscheinenden besonderen gesetzlichen Einrichtungen gleichzeitig folgen lassen, und uns nun vorerst mit der Prostitution in Wien selbst etwas eingehender befassen.

5. Die Prostitution in Wien.

Formen der Prostitution in Wien. — Eintheilung derselben nach Verschiedenheit des Geschäftsbetriebes.

Aus der Aufschrift dieses Buches hat der Leser schon ersehen, daß die Prostitution auch noch in Wien bestehe, und es hieße wahrhaftig Eulen nach Athen tragen, wollten wir über diese Thatsache auch nur Ein Wort weiter verlieren. Jedermann sieht sie ja in üppiger Entwicklung Tag und Nacht durch unsere Straßen und Gärten wandeln, zu Fuß und in Karossen, in reichen feinen Gewändern und im Kleide der Armuth, in Gestalt schöner, feuriger Mädchen, die noch lachend, wie unbewußt ihrer Erniedrigung, in die Oeffentlichkeit treten und in den verkommenen Erscheinungen alter Parteigänger des Lasters, die nur noch in dem schützenden Dunkel der Nacht und der öffentlichen Beleuchtung ihr wohl schon bitter gewordenes Brod zu erwerben vermögen.

Wien leidet eigentlich jetzt an Ueberproduktion dieses Artikels, was aber eben keine befremdende Erscheinung zu nennen ist, wenn wir die Ursachen derselben erwägen.

Eine Masse von nahezu 700.000 Seelen, großentheils südliche Naturen, auf einem so engen Raume zusammengebrängt wie hier; erregte, lebenslustige Menschen; Einheimische und Fremde aus allen Vaterländern und Zonen der Welt, kräftige Männer, liebenswürdige, reizende Frauen: welch' großer Bedarf an sinnlicher Liebe kommt da nicht stündlich zu Tage!

Wenn andererseits das Gesetz der Prostitution gegenübersteht wie ein schwankendes Rohr, — wie sollte es da fehlen, bei der ewigen Anregung an einer Unzahl Bachantinnen?

Sachverständige behaupten überdieß, nirgends erscheine die käufliche Liebe so lockend wie in Wien. Jugend und fröhliche Lebenslust bringen oft so völlige Täuschung in die prosaische Wirklichkeit der Verhältnisse, daß der geschlossene Handel völlig vergessen wird. Welch' mächtige Reclame für den Begehr des so freundlich Gebotenen!

Doch diese Ereignisse sind Eigenthum der romantischen Literatur; wir verfolgen ernstere Zwecke. Wir wollen unser Licht leuchten lassen im Interesse des öffentlichen Wohles, zum Schutze unserer Familien vor den besprochenen Nachtheilen, mit welchen sie besonders die hier eingerissene Ueberwucherung dieses Uebels fortwährend ernstlich bedroht.

Bevor wir aber dieß können, müssen wir erst die lokalen Erscheinungen und Verhältnisse desselben kennen lernen; wir müssen dessen Vertreter und ihre Eigenschaften studiren.

Sollen wir das Uebel beherrschen, so müssen wir ihm offen in das Auge sehen und mit ihm vollständig bekannt werden.

Die Prostitution zerfällt bei uns in folgende sechs wesentlich von einander verschiedene Abtheilungen, die auf der Verschiedenheit des Geschäftsbetriebes der fungirenden Jüngerinnen beruhen.

Die 1. bilden die eigentlichen Maitressen, nämlich Damen, die ihre Liebe gleichzeitig für Geld nur ausschließlich an Eine Person verschwenden.

Die 2. Solche, die sich für Geld mehreren Männern gleichzeitig opfern, in diesem Berufe aber nicht öffentlich erscheinen und nicht allgemein zugänglich sind. Sie treffen unter dem Ihnen Gebotenen ihre eigene Wahl. Sie fungiren in eigenen und in fremden Wohnungen.

Die 3. die eigentlichen allgemein zugänglichen öffentlichen Geldmädchen bester Klasse. Sie empfangen regelmäßig in ihren eigenen Wohnungen.

Die 4. Zünftige Damen, die allgemein und regelmäßig fungiren, aber nicht in ihren eigenen, sondern in fremden Wohnungen, in Absteigquartieren, bei Kupplerinnen ꝛc.

Die 5. Mädchen, die bei Kupplerinnen leben und weben.

Die 6. eigentliche Straßenmädchen; diese leben im Freien Tag und Nacht, fungiren überall, — meist im Freien, und finden sich höchstens in den Zimmern ihrer Bewunderer oder in Schankstuben.

1. Diese Gattung ist die Blüthe des Standes. Die Einzelnen bewegen sich zwar auf verschiedenen Stufen des Glückes, aber sie leben eben im Augenblicke nur Einem Gebieter; das ist das Charakteristische ihrer Erscheinung.

Sie sind in den besten Fällen meist junge, hübsche Gestalten; ihr Leben ist Lust, ihre Gedanken sind Freuden. Ihre Reize umhüllen duftende Gewänder, reicher Schmuck ziert den elastischen Leib. Ihr Fuß berührt selten das Pflaster der Stadt, denn in eigenen Gefährten fliegen sie durch die Straßen, befangen im Zauber genußreichen Daseins.

Sie werden sogar nicht selten in den reizenden Sonntag-Feuilletons einiger Journale gefeiert, deren geistreiche Ueppigkeit uns auch in rauhen Wintertagen erinnert an die Freude und Wärme des Lebens.

Oft wissen diese Damen das irdische Glück dauernd an sich zu fesseln, ziehen sich später in ein bescheideneres Privatleben zurück, bilden Familien, zu welchen der Grund wohl schon zuweilen in ihrer früheren Laufbahn gelegt wurde; sie bleiben reich oder wohlhabend und werden nicht selten wieder ganz anständige Leute.

Der Verlauf der Begebenheiten ist allerdings nur in wenigen Fällen so glatt und glücklich.

Oft wird man allmälig vernachlässiget, aus verschiedenen Gründen, oder gar verlassen. Man muß eine neue Wahl treffen, findet aber leider nur ein mittelmäßiges Einkommen, das dennoch in Ermanglung eines besseren angenommen werden muß; die Ersparnisse werden nun natürlich geringer, die Aussicht auf Ruhe rückt mehr in die Ferne.

Das lustige Leben wird auch zuweilen plötzlich in eine bescheidene aber gezwungene Zurückgezogenheit verwandelt. Ein alter gebrechlicher Gönner wird mit der freudigen Nachricht über im Kurzen zu erwartende lebende Resultate seiner Zärtlichkeit unfreudig überrascht; der Fall ist auf natürlichem Wege nicht leicht zu begreifen und die glückliche Mutter wird mit bescheidener Rente in Ruhe gesetzt, muß aber dafür von jetzt eingezogen und anständig leben.

Es gibt auch unangenehme Herren, die nach und nach ihre Liebe in Despotismus verwandeln, die von Eifersucht und Zanksucht strotzen und endlich noch geizig werden. Das Leben wird bitter, aber es muß ertragen werden. Es findet sich kein glücklicher Wechsel.

Oft sind die Geldangelegenheiten solcher Verhältnisse gleich vom Anfange an ganz bescheiden, oder sie werden es in späterer Zeit durch das Herabkommen der Glücksumstände des Mannes, der nicht mehr, oder nur in ungenügender Weise die Mittel aufzubringen vermag, mehrere Familien zugleich zu nähren und zu kleiden.

Wie dem nun immer sei, welch' großer Unterschied in den äußern Verhältnissen dieser Geschöpfe sich zeigen mag: sie bleiben das Eigenthum des Einen in der Gegenwart, und jene widersprechenden Ereignisse der Feuilletons sind wohl oft nur erfunden, zum Schrecken der alten — und zur Besserung der wankelmüthigen oder nachlässigen Anbeter.

Es kommt seltener vor, daß Mädchen dieser Klasse in die nächst niedere herabsinken. Ihre Zahl ist nicht gering; wir können sie jedoch

23

nicht bestimmt angeben, weil uns dafür zuverlässige Anhaltspunkte fehlen. Sie stammen aus allen Ständen, aus allen Klassen der Gesellschaft, und sind Mädchen oder Frauen aus den verschiedensten Familien, die selbst nicht selten trotzdem ihren öffentlichen Anstand aufrecht zu erhalten verstehen.

Die Nachtheile dieser Verhältnisse sind zuweilen für die Familien der Männer in sittlicher und ökonomischer Beziehung bedeutende. Das Herz und das Einkommen der Männer wird getheilt, die zweite Familie der ersten nicht selten vorgezogen; der moralische und materielle Verfall derselben beginnt, und wir kennen Beispiele, daß legitime Familien der Noth und dem Jammer für immer verfielen, indeß der Vater derselben die natürlichen Kinder mit ihrer Mutter und Gefolge in Ueberfluß und Luxus ernährte.

Die Außenseite dieser Gattung ist oft so glänzend oder unschuldig, daß ihnen mitunter ganz arglos Zutritt in anständige Familien gewährt wird. Hier bringt das Gift ihrer loderen Grundsätze, ihrer vielleicht unmerklichen Vermittlung und Verführung, den Töchtern derselben sicheren Schaden.

In Beziehung auf die Verbreitung specifischer Krankheiten sind sie ganz unschädlich; sie sind da wohl selbst nur die Opfer ihrer untreuen Verehrer.

2. In der zweiten Abtheilung finden wir solche Geschöpfe, die sich für Geld mehreren Männern gleichzeitig hingeben, aber noch nicht öffentlich in ihren Geschäften erscheinen, und nicht allgemein zugänglich sind.

Es sind dieß meist hübsche Frauen oder Mädchen, wieder aus fast allen Ständen der Gesellschaft, oft noch Glieder anständiger, oder wenigstens noch als solche geltender Familien; in vielen Fällen sind sie unterhaltene Damen mit wenigen Mitteln, eine Art Halb-Maitressen.

Sie empfangen nicht in ihren eigenen Wohnungen, oder doch nur ausnahmsweise und ganz verstohlen; sie fungiren meist in den Wohnungen der Männer, in Absteigzimmern, entfernt von ihren Wohnungen, bei Kupplerinen, in Hotels, und sind am meisten nur Fremden zugänglich, die keine Gelegenheit zu plaudern haben.

Diese Frauen oder Mädchen kommen in den besseren Fällen nur für ganz kurze Zeit zu dem Stelldichein und kehren dann in ihre Familien zurück; zuweilen können sie jedoch auch für halbe oder ganze Tage oder Nächte über sich verfügen.

Auch diese Damen erscheinen noch zuweilen in der Tagesliteratur, sind meistens sehr hübsch und gebildet, und verdienen bei habsüchtigem Betriebe ihres Geschäftes viel Geld. Durch dieses gute Einkommen sichern sie nicht selten ihre Zukunft und erfreuen sich später einer ruhigen Wohlhabenheit. Oft steigen sie in die frühere Abtheilung empor, sinken aber auch zuweilen in die nun folgende herab.

In sittlicher Beziehung haben sie keine schlechtere Einwirkung auf die Gesellschaft als unsere frühere Abtheilung, da sie ihre Fehltritte sorgfältig zu verbergen suchen; für Verbreitung specifischer Krankheiten sind sie schon gefährlicher, weil sie selbst leichter erkranken und auch durch Unkenntniß, oder Unmöglichkeit systematischer Reinlichkeit die Krankheiten wieder mittheilen.

3. **Die eigentlichen, allgemein zugänglichen, öffentlichen Geldmädchen bester Klasse.** Sie empfangen regelmäßig in ihren eigenen Wohnungen.

Letztere sind die wahren, echten Kinder der Freude. Sie repräsentiren diejenige Form der Prostitution, die in Wien am häufigsten, ja allgemein und überall erscheint. Sie sind die alte Garde im Heere der Venus, die solide thätige Basis der ganzen Geschäftsgruppe.

Sie besitzen ihre eigenen Wohnungen, wenn auch oft nur für kurze Termine gemiethete einzelne Zimmer, und empfangen daselbst regelmäßig die Besuche ihrer Geschäftsfreunde.

Das ist das Charakteristische dieser Abtheilung.

Damit ist jedoch nicht gesagt, daß sie es verschmähen ausnahmsweise auch außer Hause in ihrem Berufe thätig zu sein.

Diese Mädchen sind gegenwärtig bei uns in sehr großer Anzahl vorhanden. Man schätzt sie auf 6 — 8000 einheimische und fremde, schöne und häßliche, junge und alte; und zwar von der zartesten Jugend der eben beginnenden gesetzlichen Reife bis zu den Tagen des beschwerlichen Alters.

Die eigentliche solide, seßhafte Repräsentantin dieser Gattung ist eine reifere Schönheit, in oder über den Zwanzigerjahren, meist gut erhalten und erfreut sich oft noch mehrerer zärtlicher Verhältnisse, sowie einer größeren oder geringeren Anzahl sogenannter Freunde und eigentlich Stammgäste; sie spricht mit Stolz von ihrer Solidität, ihrem anständigen Benehmen, ihrer Reinlichkeit und verläßlichen Gesund-

heit, verdächtiget aber schonungslos, freilich mit wenig Erfolg, ihre jünge=
ren und frischen Genossen als leichtsinnig, unanständig und gefährlich,
weil stark beschäftigt und weniger reinlich. Sie besitzt meist eine hübsche,
ja oft bescheiden elegante Wohnung, hat Schmuck und schöne Kleider, zu=
weilen auch kleine Ersparnisse und sichtlich gedeihende Sprößlinge ; sie
lebt emsig und behäbig und bringt es wohl auch soweit, sich vom
Geschäfte zurückziehen und dann als alte Jungfer oder vorzeitige
Witwe in vollständig gesetzlichen Grenzen im Privatleben erscheinen zu
können. Zuweilen verschafft ihr ihre klingende Ersparniß einen Ehemann,
der sie als würdige Gattin behandelt, oder auch, wenn die Wahl eine
leichtfertige war, das Geld verputzt und die geliebte Frau in ihr altes
Leben zurücktreibt.

Die jüngeren frischen Glieder dieser Gesellschaft sind oft
ganz junge Geschöpfe, die noch leichtsinnig herumflattern, und nicht lange
verweilen bei den einzelnen Genüssen des Lebens ; sie kommen nicht selten
vom Lande, wo sie schon einschlägige Vorstudien gemacht haben und sind
entweder erst kurz ihren Eltern oder Vormündern entlaufen, oder eben
eines ehrbaren Dienstes überdrüßig geworden. Böse Stiefmütter oder Tan=
ten, harte Stiefväter oder grausame Onkel, eifersüchtige Dienstfrauen und
zärtliche Dienstherren spielen bei diesen Eventualitäter eine Hauptrolle.

Weil sie jung und liebenswürdig sind, finden
sie oft einen Freund, durch dessen Börse sie sofort in die
eleganteren Abstufungen der Prostitution avanciren.

Sie verdienen viel Geld, verleben es aber sofort wieder, in dem
Glauben an die Unerschöpflichkeit ihres Glückes. Sie sind im beständigen
Wechsel ihrer Verhältnisse und Wohnungen begriffen, haben eine Unzahl
zärtlicher Verhältnisse zu gleicher Zeit, darunter ein oder mehrere ernst=
liche, deren merkwürdige Ereignisse auch manchmal diese Heldinnen in
Journalerzählungen verwickeln.

Sie sind Debardeure aus Leidenschaft, und erscheinen
gleich freudig an den Ufern der Donau, wie an denen der Wien.

Doch mit des Geschickes Mächten ist kein ewiger Bund zu flechten,
und das Unglück schreitet schnell: — eine unvorhergesehene Kata=
strophe ändert momentan ihre lustige Laufbahn. Im günstigen
Falle erringen sie noch die Mittel für eine längere Privat=Kur bei Dr.
Stiaßny, in den minder günstigen aber wandern sie in den zweiten Hof
des k. k. allgemeinen Krankenhauses, und nach wiedererreichter Gesundheit
nach Neudorf, oder mit Schande in ihre Heimat.

Natürlich dauert diese Pause nicht ewig, und wer sich bei diesem

Ereignisse nicht etwa wirklich gebessert hat, beginnt die frühere Laufbahn sofort nach wiedererlangter persönlicher Freiheit. Aber man ist entweder vernünftiger und ruhiger geworden, und geht nun zu dem gesetzteren Theile dieser Gesellschaft über, oder man ist wie ehedem, fällt neuerdings den früheren Schicksalen in die Hände, und sinkt dann in die tieferen Stufen dieses Berufes hinunter. Frühes Siechthum und vorzeitiger Tod, in Folge des ausgelassenen erschöpfenden Lebens, sind häufige Ereignisse in diesen Kreisen.

Im reiferen Alter, wenn ihr früheres Leben wenig einträglich oder verschwenderisch war, und Alter oder eingetretene körperliche Gebrechen die Fortsetzung des Geschäftes nicht mehr lohnend oder unmöglich machen, werden diese Damen auch Kupplerinnen, und verhandeln nicht selten ihre eigenen Kinder oder Verwandten. So kommen sie dann mit dem Landesgerichte in Konflikt, und sterben vielleicht in irgend einem Kerker.

Welch trauriges Ende eines lustigen Anfanges!

Die junge Generation, über deren Schönheit und Lebenslust wir eben gesprochen, hält in ihrem lebhaften Temperamente keine bestimmte Geschäftszeit; sie ist Tag und Nacht thätig.

Die Soliden sind beinahe nur bis zur Thorsperre zu finden.

Die Alten und Häßlichen sind aber nur des Nachts beschäftigt, da nur Nacht und Nebel ihren Genuß erlauben; sie haben ihre Wohnungen in gewissen Häusern, deren einzelne zu jeder Zeit der Nacht von Fremden betreten werden können.

Die Ersten sind oft noch in Verbindung mit ihren Familien und bringen durch schlechtes Beispiel der Moralität derselben auch noch weiteren Schaden, besonders, wenn ihre Liebe für Alle durch Armuth, mit Wissen der Eltern geboren wurde und noch kleinere Geschwister zu Hause sind. Sie unterstützen in diesen Fällen meist ihre Familien, und wohnen wohl auch mit ihnen gemeinschaftlich, so lange nicht die nöthigen Mittel für eine eigene Wohnung beisammen sind. Trotz bedeutender Einnahmen haben diese Mädchen doch kein Geld, wohl aber ewige Schulden. Sie leben sehr lustig und sind meist in den Händen der niedrigsten Wucherer, die ihnen mit aller Seelenruhe die Haut über den Kopf ziehen. Diese liefern die Anfangs gleich nothwendige Garderobe und Schmuck, gewöhnlich altes, werthloses Zeug zu ungeheuren Preisen auf Kredit, zu fabelhaften Zinsen. Ebenso kostet die Mädchen ein elendes Zimmer den Preis einer ganz anständigen Wohnung.

Die Gesundheit der Männer ist bei ihnen immer gefährdet, denn einerseits sind sie nicht wählerisch bei der Annahme von Besuchern und der Gefahr des Erkrankens viel ausgesetzt; dann sind sie selbst leichtsinnig, nicht immer reinlich, erkennen die specifischen Krankheiten nicht, und offeriren sich trotz der Erkrankung ohne weiters wie früher.

Die Soliden bringen unter allen ihren Standesgenossinnen den wenigsten Schaden. Sie stehen selten mit Familien in Verbindung und fühlen sich zur systematischen Verführung ihres Geschlechtes noch nicht berufen.

Vor Krankheiten ist man bei ihnen beinahe immer sicher, da sie bereits Erfahrung haben, und wirklich viel Reinlichkeit besitzen.

Die Alten sind in beiden Beziehungen eben so unschädlich; sie müßten denn Kupplerinnen nebenbei sein.

Der Stand dieser Abtheilung ergänzt und vermehrt seine Zahl fortwährend aus den ärmeren Familien der meisten Stände. Wir wollen die bürgerlichen Berufsgeschäfte der Mädchen selbst hier nicht denunciren, da ihre Ertheilung nach diesen gar keinen praktischen Werth hat. Die Zahl dieser Mädchen ist immer eine bedeutende gewesen, aber besonders in neuerer Zeit eine ungeheuer große geworden, deren Ziffer inner den Linien wir mit der früheren Angabe nicht übertreiben werden.

Als Besonderheit müssen wir rühmend hervorheben, daß Judenmädchen in diesen Reihen eine sehr seltene Erscheinung sind.

4. **Gelbmädchen, die allgemeine und öffentliche sind, aber keine eigenen Wohnungen haben und daher in Absteigzimmern, bei Kupplerinnen u. s. w. ihr Geschäft ausüben.**

Diese Gattung erscheint gewöhnlich nur als in einem Uebergangsstadium begriffen, und entwickelt sich in den beiweiten meisten Fällen zu Mitgliedern der vorausgegangenen Form der Prostitution.

Die Mädchen derselben sind oft Neulinge in dem eben gewählten Berufe, auch jung und hübsch, leben in vielen Fällen noch bei ihren Familien inner oder außer den Linien, verwenden den Tag oder auch nur einen Theil desselben auf das Geschäft, und kehren gewöhnlich Nachts zu ihren Angehörigen zurück.

Sie besitzen noch nicht die Mittel und die Erfahrungen eine eigene Wohnung zu erhalten, kennen aber keinen höheren Wunsch als die Erreichung dieses Zieles.

In Folge ihrer Jugend und Schönheit ersteigen sie nicht selten gleich die Erste Stufe des Geschäftes und werden Maitressen.

Es gibt in neuerer Zeit ganze Wohnungen in Wien, die als Gelegenheitsorte zimmerweise vermiethet werden; sie scheinen mit Genehmigung der Polizei zu bestehen und dürften den Besitzern einen guten Gewinn abwerfen, da die Mädchen die Hälfte ihres Erwerbes an dieselben abtreten müssen.

Solchen Geschäftsbetrieb wählen auch die meisten aus den Spitälern oder Besserungshäusern zurückkehrenden Geldmädchen, bis sie sich wieder in eine höhere Kathegorie aufzuschwingen im Stande sind, was ihnen je nach ihrem persönlichen Kapitale früher oder später gelingt.

Diese Klasse ist gleich gefährlich, wie die jüngere Generation der vorhergehenden.

5. Abtheilung. Sie enthält solche Mädchen, die bei Kupplerinnen nicht nur fungiren, sondern auch dort wohnen und ununterbrochen leben.

Die Kuppelei ist zwar bei uns strenge verboten und wird auch strenge bestraft, — wenn sie angezeigt wird.

Diese Mädchen sind ebenfalls meist schön und jung und werden nicht selten sofort von einzelnen Verehrern als Privat = Freundinnen angenommen. So lange sie bei den Kupplerinnen leben, fällt der Löwentheil des Erwerbes Jenen zu; sie verlieren durch dieses Verhältniß ihre persönliche Freiheit, da die Kupplerin über sie ausschließlich zu verfügen hat, und werden nur Mittel zum Erwerbe für diese, die zugleich allen möglichen Wucher an ihnen ausübt.

Ihr unmoralischer Einfluß durch das Aergerniß ihrer öffentlichen Erscheinung, und ihre Ansteckungsgefährlichkeit ist, da sie einer ärztlichen Kontrole nicht unterzogen werden, nicht geringer als bei den vorherbesprochenen Arten.

Ihre Zahl ist gering und sind derlei Mädchen größtentheils Fremde, besonders aus Ungarn, woher sie meist schon in diesem Verhältnisse befindlich eingeführt werden.

6. Die Mädchen der Straße.

In diese Abtheilung gehört eine sehr große Anzahl der prostituirten Mädchen; sie enthält die ungleichartigsten und für die Gesundheit gefährlichsten Elemente der Prostitution, die alle auf öffentlicher Straße fungiren oder den Mann für andere Umstände des Zusammenseins sorgen lassen.

In ihr treffen sich Anfang und Ende des Uebels, die erste und die letzte Stufe desselben friedlich nebeneinander.

Wir finden da junge Mädchen jeden Alters, mitunter feine nette Dämchen, welche die freien Stunden ihres bürgerlichen Geschäftes, besonders die Abende und die Feiertage zu Vergnügen und Uebererwerb, aber nur vorübergehend benützen; sie sind gewissermaßen erst in den Studien und kehren immer wieder zu ihrem ehrlichen Handwerk zurück.

Wir wollen hier gar keinen Stand näher bezeichnen, sondern nur bemerken, daß sie allen Ständen angehören können, daß aber die Fabriks- und herrnlosen Dienstmädchen ein sehr großes Kontingent stellen.

Diese Alle befinden sich im Anfange der Prostitution, kehren oft wieder vollständig ins bürgerliche Leben zurück, was besonders bei den Dienstmädchen der Fall ist, die wohl zuweilen nur wegen Mangel an Existenzmitteln dem Gewerbe anheimfallen, dieses aber bei Erlangung eines Dienstplatzes sofort wieder verlassen und anständig leben, oder fortschreiten auf der Bahn des Lasters. Die Hübscheren werden zuweilen gleich Maitressen oder steigen in die übrigen höheren Stufen der Prostitution auf; sie kommen aber auch manchmal gleich beim Beginne dieser Laufbahn in das Spital oder Besserungshaus.

Hieher gehören auch die auf der untersten Stufe der Prostitution befindlichen Mädchen, die Tag und Nacht durch die Straßen und Anlagen von Wien und dessen Umgebung schleichen und Sommer und Winter ihr Brod unter freiem Himmel verdienen. Hieher gehören die Soldaten- und Pratermädchen und diejenigen, welche die in der Nähe der Stadt befindlichen Höhen, z. B. Kahlenberg, Kobenzl, Lichtenstein u. s. w. mit ihren Reizen beehren. Sie haben nur gemiethete Bettstellen oder ziehen auch immer im Freien herum, finden sich Nachts in eigenen Gast- und Kaffeehäusern zusammen und treffen da nicht selten männliche Gesellschaften, die vor Diebstahl und Raub nicht zurückschrecken. Diese Stufe ist, wie bemerkt, die unterste; aus ihr kommt man nicht mehr höher empor, denn nach ihr folgt nur das Spital oder das Besserungs- und Zuchthaus.

Diese letztere Gattung der Abtheilung ist eben so wie

die erstere in jeder Beziehung gleich gefährlich, denn die Mitglieder dieser leben theilweise noch in ihren Familien und sind durch das Aergerniß des bösen Beispiels sehr schädlich, und jene schrecken überhaupt vor keiner Schande zurück, und benehmen sich oft an öffentlichen Orten oder in den Straßen ganz rücksichtslos, frech und unsittlich. Den specifischen Krankheiten sind sie durch ihre Lebensweise und ihren Geschäftsbetrieb beide sehr ausgesetzt, da ihnen jede Gelegenheit, selbst für die unentbehrlichste Reinlichkeit fehlt, und beide im Gewähren ihrer Gunst bei Männern nie eine Ausnahme machen, daher sie auch mitunter sehr häufig beschäftiget sind.

6. Die Prostitution und das Gesetz.

Geschichtliches. — Unsere Vorschläge.

Nachdem wir nun die nachtheiligen Wirkungen und Folgen der Prostitution, sowie die Art und Weise ihres Erscheinens in der Gesellschaft kennen gelernt haben, wird es uns möglich zu untersuchen, was zum allgemeinen Schutze gegen deren Folgeübel gethan werden kann und welche Einrichtungen und gesetzliche Bestimmungen uns speciell für Wien wünschenswerth und nothwendig erscheinen.

Die Formen selbst, in welchen das Uebel in der Gesellschaft erscheint, sind der einzige Anhalts- und Ausgangspunkt für alle Schutz- und Vorsichtsmaßregeln, die gegen die bösen Folgen desselben ergriffen werden können.

Die für Wien zweckmäßig erkannten Einrichtungen werden ebensogut für jede andere Stadt passend gefunden werden, denn die geschilderten **Erscheinungsarten der Prostitution in Wien** sind keineswegs solche, die dieser Stadt **speciell eigenthümlich** wären; wir haben sie von einem **vollständig objectiven Gesichtspunkte** aufgefaßt, und müssen diese überall, in jeder Stadt, dieselben sein wie bei uns, da **sie die natürliche Entwicklung der Prostitution aus den socialen Verhältnissen darstellen, die im Bereiche der ganzen Civilisation ungefähr dieselben sind.**

Ueberall werden sich die charakteristischen Eigenthümlichkeiten unserer Eintheilung vorfinden müssen, obwohl natürlich **jede größere Stadt nach den besonderen Verhältnissen ihrer Bevölkerung** eigenthümliche Entstehungsursachen als **specielle Quellen der Prostitution** besitzen wird und eine oder die andere Art derselben hie und da in verschiedenen Formen erscheint. Schank-, Harfen- und Blumenmädchen sind z. B. in vielen Städten wichtige Vertreterinnen der Prostitution, während sie bei uns überhaupt nicht vorkommen, und unsere gutmüthigen Hausirermädchen wieder anderswo gar nicht bestehen.

Besondere Ereignisse, z. B. das Stillstehen einzelner Fabrikationszweige erzeugen sofort neue Quellen der Prostitution, die aber mit dem Aufhören der Ursachen auch allmälig wieder verschwinden.

Die Kenntniß dieser Quellen ist wohl höchst wichtig für die Verwaltung, weil sie sehr oft eine vorübergehende oder auch bleibende wunde Stelle unserer socialen Verhältnisse anzeigen, die in einem geregelten Staate nicht unberücksichtiget gelassen werden darf, sondern durch Aufbieten der privaten oder öffentlichen Hilfe bald wieder geheilt werden soll; für die Einrichtung und Erhaltung von Schutzmaßregeln gegen die Uebel der Prostitution ist sie von sehr geringem Werthe, denn das Geldmädchen verfällt ja nur dem Gesetze dieses Geschäftes wegen, ohne alle Rücksicht auf ihre sonstigen Verhältnisse.

Durch einen Rückblick in unsere Geschichte finden wir, daß man vor Jahrtausenden schon die Nothwendigkeit erkannte, durch gesetzliche Einrichtungen die Uebel der Prostitution zu mindern und zu schwächen, und daß sich die Gesetzgeber aller Staaten und Nationen mit dieser Angelegenheit mehr oder weniger gründlich und glücklich beschäftiget haben.

Nachdem man die Unthunlichkeit einer gänzlichen Unterdrückung und Ausrottung der Prostitution einmal erkannt hatte, suchte man den möglichst günstigen Erfolg durch einen zeitweilig bewirkten theilweisen Stillstand derselben zu erreichen; man verfolgte nämlich von Zeit zu Zeit die vorhandenen Geldmädchen und suchte sie so manchmal von ihrem Gewerbe zu trennen, indem man sie für gewisse Zeit aus der Gesellschaft gänzlich entfernte. Nach einer solchen Razzia gingen dann die Verhältnisse wieder ihren früheren Gang, bis die Ansammlung einer größeren Zahl neuer, und vielleicht auch die theilweise Rückkehr älterer Venustöchter die Thätigkeit des Gesetzes auf gleiche Weise wieder in Anregung brachten.

Dieses System ward wie wir glauben, bisher auch bei uns beliebt und zeigt uns wohl der gegenwärtige Stand dieser Angelegenheit in Wien auf eine glänzende Weise die Ohnmacht und Wirkungslosigkeit desselben.

Thatkräftigere Gesetzgebungen suchten dem Uebel dadurch am wirksamsten beizukommen, daß sie die ganze Thätigkeit desselben unter ihre Paragrafe zu stellen sich entschlossen, und demselben eine bestimmte künstliche Form aufnöthigten, die ihnen als die unschädlichste erschien. Seit Jahrtausenden war man bemüht, das Uebel förmlich zu organisiren und dadurch weniger schädlich zu machen!

Die älteste und allgemeinste dieser Einrichtungen, die bis in die jetzigen Tage noch in sehr vielen Staaten fortbesteht, sind die concessionirten Frauenhäuser, — die Bordelle, — das sind Häuser in welchen die der Prostitution lebenden Frauen und Mädchen in größerer oder geringerer Zahl beisammen wohnen, eigentlich beisammen gehalten und den Männern für einen bestimmten Betrag allgemein preisgegeben werden.

Diese Anstalten hatten sich Anfangs ganz von selbst begründet und waren meist an den Ufern der Flüsse — bords — zu finden, woher sie auch jetzt noch ihren Namen tragen, da sie aus daselbst eingerichteten Badeanstalten entstanden. Die ältere und alte Gesetzgebung ward später, wahrscheinlich des daselbst entstandenen Unfuges wegen genöthiget, diese Sache selbst in die Hand zu nehmen, solche Anstalten aus eigener Initiative zu errichten und durch ämtlich bestellte Leute überwachen und leiten zu lassen.

Später kamen sie dann wieder mehr in die Hände Einzelner, und jetzt sind sie wohl Alle und überall das Eigenthum von Privat-Spekulanten, die die Einrichtung und Erhaltung solcher Häuser, unter öffentlicher Duldung, als bürgerliches Geschäft betreiben, und nur verpflichtet sind eine gewisse Hausordnung einzuhalten und Steuern zu zahlen.

Offenbar ist aber der Privatbesitz solcher Anstalten eine Ausartung des ursprünglichen Planes derselben, ein Rückgang; denn es erscheinen nun die in solchen Häusern lebenden Mädchen und Frauen als Eigenthum eines Andern, der über sie beliebig verfügen und sie als Geschäftseinrichtung seines Gewerbes betrachten und behandeln kann, was auch wirklich, wie wir später sehen werden, geschieht und bisher durch keine Gesetzbestimmung verhindert werden konnte.

Damen, die solch öffentlichen Stand gewählt haben, bewerben sich um Aufnahme in diese Häuser, welche ihnen, wenn sie für das Geschäft tauglich erscheinen, unter gewissen Bedingungen gewährt wird; sie leben daselbst nur ihrem Berufe und haben von ihrem Erwerbe an die Anstalt für ihre Anwesenheit und Erhaltung eine gewisse Summe zu entrichten. Ein solches Haus kann man ganz gut ein öffentliches christliches Serail nennen.

Bordelle gab es, wie wir schon Eingangs erwähnten, bereits im grauen Alterthume, bei den Griechen und Römern.

In Griechenland führte zuerst Solon Bordelle und öffentliche Mädchen ein, um dadurch der sehr häufigen geheimen Unzucht vorzubeugen.

Die Lokale derselben lagen namentlich in der Nähe des Hafens und es stand ihnen, wie Pollux berichtet, ein vom Staate bestellter Aufseher vor. Die meisten Bordellbirnen waren Sclavinnen und auch die freien Griechinnen, die dieses Geschäft ergriffen, sanken dadurch in den Sclavenstand hinab.

Bei den Römern hießen diese Anstalten lupanaria (lupa, Wölfin) von dem dort herrschenden wilden Leben, oder fornices, von ihrer abgesonderten Lage; sie befanden sich nämlich hauptsächlich in der an der Stadtmauer gelegenen Straße Subura. Es wurden dieselben als höchst unreinliche und schmutzige Lokale geschildert, die eine bestimmte Anzahl Zellen hatten, über deren jeder sich der Name der betreffenden Dirne und die Taxe derselben aufgezeichnet befand. Die ganze innere Einrichtung bestand nur aus einem Leuchter und einem Lager.

Die Bordelle durften nicht vor der 9. Stunde (4 Uhr Nachmittags) geöffnet werden, um die Jugend nicht von ihren Uebungen abzuhalten.

Die Dirnen, welche vor den Thüren ihrer Zellen standen oder saßen, um die Vorübergehenden an sich zu locken, durften aber nicht in den Bordellen wohnen; gegen Morgen wurden die Zellen geschlossen und der Aufseher (Kuppler — leno) entließ jene nach Hause.

Diese Anstalten, über deren Einrichtung wir hier keine Kritik üben wollen, glichen allerdings mehr unseren jetzigen Kuppeleien und Absteigequartieren, als den modernen Bordellen.

Aus den späteren Zeiten, besonders aus dem Mittelalter, haben wir gründliche Mittheilungen über die Einrichtungen in derlei öffentlichen Anstalten.

So fand z. B in Venedig die Verwaltung der Bordelle von Alters her von Staatswegen statt, und schenkte man diesen besonders zur Zeit der Republik die höchste Aufmerksamkeit. Damit nicht die sittlichen Mädchen der Vaterstadt verführt würden, hatte man 1412 durch ein besonderes Gesetz fremde Dirnen in die Stadt gezogen und ihnen ausschließlich die Berechtigung ertheilt, sich in dem Quartire dei Ramponi der Pfarre San Cassiano niederzulassen. Es wurde ihnen von der Regierung eine Matrone vorgesetzt, welche das Geld von den Besuchern der Bordelle einziehen und monatlich vertheilen mußte; die von der Obrigkeit verordnete Taxe mußte strenge befolgt werden. Man verbannte 1439 alle eingebornen Frauenzimmer, welche sich einem liederlichen Lebenswandel ergaben.

Von einem italienischen Bordelle des Mittelalters ist uns noch das Polizeistatut, auf Grund dessen es im Jahre 1347 errichtet worden ist, vollständig erhalten. Die Schöpferin desselben war die damals erst 23jährige, ihrer Ausschweifungen wegen berüchtigte Johanna I., Königin beider Sicilien und Gräfin der Provence. Die Anstalt selbst bestand zu Avignon und wurde mit beispiellosem Cynismus „das Mädchenkloster" genannt; die Vorsteherin hieß Aebtissin, und die Dirnen nannte man Klosterjungfern.

Das Statut selbst lautete:

1. Im Jahre 1347, den 8. August, hat unsere gute Königin Johanna erlaubt, ein Mädchenkloster zum Vergnügen des Publikums in Avignon zu errichten. Sie will nicht zugeben, daß alle galanten Weibsleute sich in der ganzen Stadt verbreiten, sondern sie befiehlt ihnen sich in dem Hause allein aufzuhalten und sie will, daß sie, um kenntlich zu sein, auf der linken Schulter eine rothe Nestel (Schleife) tragen.

2. Wenn ein Mädchen einmal schwach gewesen ist, und auf's Neue fortfährt schwach werden zu wollen, so soll sie der Gerichtsdiener bei dem Arme nehmen, und unter Trommelschlag, mit der rothen Schleife auf der Schulter, durch die Stadt führen, und in das Haus bringen, wo ihre künftigen Gespielinnen versammelt sind. Er soll ihr verbieten, sich in der Stadt antreffen zu lassen, bei Strafe im ersten Uebertretungsfall im Geheimen gepeitscht, im zweiten aber öffentlich mit Ruthen gestrichen und des Landes verwiesen zu werden.

3. Unsere gute Königin befiehlt, daß das Haus in der Straße Pontroukat, (rue du pont rompu) nahe bei dem Kloster der Augustiner bis ans steinerne Thor aufgerichtet werden solle. Es soll eine Thüre daran angebracht werden, durch welche Jedermann eingehen könne, aber sie soll verschlossen bleiben, daß keine Mannsperson ohne Erlaubniß der Vorsteherin Aebtissin (l'abadesse), welche alle Jahr durch den Stadtrath neu zu erwählen ist, die angestellten Mädchen besuche. Die Vorsteherin soll den Schlüssel in Verwahrung haben und die jungen Leute ernstlich warnen, keinen Lärm zu erheben, noch die Mädchen zu quälen; denn bei der geringsten wider sie erhobenen Klage müsse eine solche sogleich im Thurm zum Verhaft gebracht werden.

4. Der Königin Wille ist, daß an jedem Sonnabend die Priorin und der vom Rath erwählte Wundarzt jedes Mädchen untersuchen sollen, und wenn sich darunter eine findet, die mit einem aus dem Beischlafe entspringenden Uebel behaftet ist, so soll man sie von den übrigen absondern und in ein besonderes Gemach thun, damit sich Niemand ihr nähere, und der Ansteckung der Jugend vorgebeugt werde.

5. Wenn eine unter diesen Mädchen schwanger wird, so soll die Vorsteherin sorgen, daß sie sich der Leibesfrucht nicht unzeitig entledige; sie muß es daher den Konsuls anzeigen, damit von diesen dem Kinde alles Nöthige angeschafft werden möge.

6. Die Vorsteherin soll nie gestatten, daß eine Mannsperson auf den Charfreitag, oder den heiligen Sonnabend nach dem glücklichen Ostertag das Haus betrete, bei Strafe der Kassation und der öffentlichen Peitsche.

7. Gleichfalls will die Königin, daß alle Mädchen ohne Zank und Eifersucht leben, daß sie einander Nichts entwenden, und sich nicht schlagen; im Gegentheil will sie, daß solche sich wie Schwestern einander lieben sollen; erhebt sich ein Streit unter ihnen, so soll die Priorin Einigkeit und Ruhe herstellen und jede soll sich dem Urtheil derselben zu unterwerfen verpflichtet sein.

8. Hat ein Mädchen einen Diebstahl begangen, so soll die Priorin es anhalten, das Gestohlene gütlich wieder zu ersetzen; weigert sich die Thäterin diesem nachzukommen, so soll dieselbe durch einen Gerichtsdiener in einem besonderen Zimmer gepeitscht werden; begeht sie diesen Fehler zum zweitenmal, so soll sie der Scharfrichter öffentlich peitschen.

9. Ferner ist der Königin Wille, daß die Priorin keinem Juden den Eintritt in ihr Haus verstatte; schleicht sich dessen ungeachtet einer listigerweise ein und macht sich mit einer Klosterjungfer zu schaffen, so soll er in Verhaft genommen und sofort durch alle Straßen der Stadt gepeitscht werden.

Die meisten italienischen Bordelle scheinen damals, nach einer Menge gleichlautender Nachrichten, auf ganz ähnliche Weise eingerichtet gewesen zu sein.

In allen deutschen Reichsstädten, z. B. Nürnberg, Genf, Worms, Speyer u. s. w., finden wir schon im frühesten Mittelalter vollständig privilegirte Bordelle. In Nürnberg bildeten die Bordellbirnen eine eigenthümliche Verbindung, welche ihre besonderen Rechte und Gebräuche hatte und jährlich eine neue Bordellkönigin wählte, die von der Obrigkeit bestätigt und förmlich vereidigt wurde, und befugt war, alle Winkelbirnen als nicht zunftgemäße Pfuscherinnen zu verfolgen.

Alle deutschen See- und Handelsstädte hatten oder haben noch jetzt gesetzlich concessionirte Bordelle, z. B. Hamburg, Lübeck, Bremen, Rostock, Danzig, Leipzig, Braunschweig u. s. w.

Von Berlin wissen wir, daß im Jahre 1410 und 1580 daselbst ein förmlich privilegirtes Freudenhaus bestand, von welchem der Rath vierteljährig, für die Beaufsichtigung desselben, eine Abgabe von einem halben Schock Groschen bezog. Das Frauenhaus war daselbst in der jetzigen Rosenstraße, unfern der Stadtmauer gelegen, auf daß öffentliches Aergerniß möglichst vermieden wurde.

Unter der Regierung des Churfürsten Friedrich III., im Jahre 1690, wurden die Frauenhäuser in Berlin u. s. w. aufgehoben.

Die Beherbergung von liederlichen Weibspersonen war streng untersagt und die Dawiderhandelnden verfielen in eine zur Kämmereikasse zu zahlende Geldstrafe; die Beherbergten aber wurden ergriffen, mit Staupenschlägen bestraft und verwiesen, indem sie mit auf den Rücken gebundenen

Ruthen vom Scharfrichter zur Schau durch die Gassen und endlich zum Thore hinausgeführt wurden. Man führte sie meist in das Zucht= und Spinnhaus nach Spandau.

Im Jahre 1717, als die Spinn= und Zuchthäuser bereits mit Geldmädchen überfüllt waren und die Ausrottung der Prostitution als unausführbar erkannt wurde, duldete man neuerdings die **Einführung öffentlicher Freudenhäuser**, die der polizeilichen Aufsicht unterworfen wurden.

Die Zahl solcher Häuser war in Berlin im Jahre 1780 bis zu hundert gestiegen, in deren jedem 7—9 Mädchen gehalten wurden.

Man theilte diese Häuser in drei Klassen.

Die niedrigsten waren jene, worin die Mädchen nur in gewöhnlichen Hauben und Mützen und im bürgerlichen Anzuge erschienen. Diese wurden meistens nur von Hamburger und Amsterdamer Schiffsleuten besucht.

In der zweiten Klasse paradirten schon die Mädchen mit geschminkten Gesichtern in Karkassen, existirten aber nur in abgelegenen Winkeln der Stadt, hatten wenig Pretiosen und wurden von gewöhnlichen Handwerkern besucht.

Die dritte war die Klasse der reputirlicheren, wo die Frauenzimmer ebenfalls nur in Karkassen sich präsentirten, aber vom Wirthe schon als Mamsells behandelt wurden. In diesen wurden die Nymphen nicht im Hause gehalten, auch durfte weiter Nichts als der Akkord mit ihnen getroffen werden.

Eine merkwürdige Erscheinung in diesen Verhältnissen ist gewiß die, daß damals der Scharfrichter von Berlin eine vollständige Gerichtsbarkeit über die öffentlichen Dirnen daselbst hatte; sie konnten nur bei ihm verklagt werden und er übte ein ausgedehntes Züchtigungsrecht über sie.

Das älteste noch vorhandene Berliner Bordell=Reglement, das aus dem Jahre 1700 stammt und bis zum Jahre 1792 Giltigkeit hatte, und von höchstem Interesse ist, lautete wörtlich:

1. Gesetzlich erlaubt ist diese Wirthschaft freilich nicht, sie wird aber nur als ein nothwendiges Uebel geduldet.
2. Jeder Wirth ist verpflichtet, sobald ein Mädchen von ihm geht, es dem Biertelskommissarius zu melden. Eben so wenn er ein neues erhält.
3. Kein Wirth darf mehr Mädchen in seinem Hause halten, als in seinem Kontrakte steht.
4. Nur alsdann kann er eine neue Kandidatin aufnehmen, wenn eine Stelle bei ihm offen ist.
5. Die Gesundheit der Schwärmer sowohl als auch der Mädchen selbst zu erhalten, muß in jedem Viertel alle 14 Tage ein dazu bestellter Chirurgus forensis alle Mädchen dieser Art in seinem Viertel visitiren.

6. Jedes Mädchen muß ihm für seine Bemühung zwei Groschen geben.
7. Der Chirurgus ist verpflichtet bei der geringsten Unreinigkeit, die er wahrnimmt, dem Wirthe anzudeuten, daß das Mädchen auf ihrer Stube bleiben solle.
8. Dieser Anzeige muß der Wirth genau und pünktlich nachleben; widrigenfalls muß er die Kosten der ganzen Krankheit tragen, die man von einem seiner Mädchen geerbt zu haben nachweisen kann.
9. Ist das Mädchen so weit schon inficirt, daß sie durch bloße äußerliche Reinigung und Enthaltsamkeit nicht kurirt werden kann, so schickt sie der Chirurgus in das Hospital der Charité, wo sie auf dem Pavillon unentgeltlich verpflegt wird.
10. Die Schulden der Mädchen müssen bezahlt werden, wenn ein Wirth sie von dem andern auslöset.
11. Eben dieses gilt auch, wenn sie selbst für sich wirthschaften wollen.
12. Will aber das Mädchen diese Lebensart ganz verlassen und Dienst suchen, so wird sie, wenn ihrer Schulden wegen Klage beim Richter einläuft, von der Schuld losgesprochen.
13. Kein Wirth soll für ein Mädchen, welches er von einem andern auslöst, mehr als 4—5 Reichsthaler bezahlen.
14. Jeder Wirth, welcher Musik hält, muß wegen seiner Musikanten täglich 6 Gr. für die Erlaubniß, daß sie bei ihm spielen dürfen, bezahlen. Das dafür einkommende Geld ist zum Nutzen der Armenanstalten bestimmt.

Am 11. Januar 1781 erstattete der Polizei-Direktor, Geheimer Kriegsrath von Eisenhardt, an das General-Direktorium einen höchst interessanten Bericht, in welchem er erklärte, daß das eben mitgetheilte, die Bordellwirthschaften betreffende Reglement den Anforderungen einer geregelten Polizeiverwaltung in keiner Weise mehr entspreche, und worin er zugleich den Entwurf zu einem neuen Reglement überreichte, welches dann im Jahre 1792 wirklich erlassen worden ist.

Dieses vom 2. Februar 1792 erlassene Bordell-Reglement lautete dahin:

1. Niemand darf ein Bordell ohne Erlaubniß der Polizei-Behörde anlegen.
2. Jede in solche, wenn auch genehmigte Wirthschaft aufzunehmende Dirne muß vorher der Polizei-Behörde präsentirt werden und unter deren Mitwirkung mit dem Bordellwirth einen schriftlichen Vertrag abschließen.
3. Kein minderjähriges Frauenzimmer darf in einem Bordelle geduldet werden.
4. Jede Bordelldirne kann, wenn sie einen besseren Lebenswandel ergreifen will, in jedem Augenblick aus dem Bordell ausscheiden. Sie darf unter keinem Vorwande, nicht einmal wegen Schulden, zurückgehalten werden. Will eine Dirne aber aus einem Bordelle in ein anderes übergehen, so ist eine dreimonatliche Ankündigung ihres Kontraktes erforderlich.

5. Die Dirnen dürfen keinen Mann durch Zeichen oder Winken zu sich einladen.
6. Kein Bordellwirth darf an seine Gäste hitzige Getränke verabreichen.
7. Um 12 Uhr des Nachts müssen alle Bordelle geschlossen sein.
8. Es wird eine Huren-Heilungskasse eingerichtet, zu welcher jedes der Hurerei verdächtige Frauenzimmer beitragen muß, auf deren Kosten aber dann auch jede Beitragende, wenn sie erkrankt, Kur und Verpflegung findet. Die Einkünfte dieser, von der Polizei-Behörde zu verwaltenden Kasse werden in folgender Weise beschafft:
   a) Jede Dirne muß monatlich 7½ Sgr. beitragen.
   b) Für Abfassung jedes zwischen einer Dirne und einem Wirthe zu schließenden Kontraktes müssen 10 Sgr. entrichtet werden.
   c) Fließen zur Kasse alle von den Dirnen und Wirthen wegen Kontraventionen zu entrichtenden Geldstrafen.
9. Bordelle sollen nur in entlegenen Straßen geduldet werden.
10. Winkelhuren sollen durchaus nicht geduldet werden.
11. Jeder Hure soll ein Exemplar des Reglements und eine gedruckte Nachricht von der Natur und den Erkennungszeichen der venerischen Krankheiten mitgetheilt werden.

Bei Formation des Landrechtes erfolgte eine Ergänzung dieser Vorschriften. II. Theil. Titel 20, §. 996—1026.

Späterhin wurde das Reglement durch Ministerial-Reskripte noch verschiedenen Abänderungen unterzogen, deren wichtigste das Ministerial-Reskript vom 25. November 1795 bewirkte, indem es die Zulassung öffentlicher Dirnen zu Tanzböden, und die Verbindung der Bordelle mit Tanzwirthschaften auf das strengste untersagte.

Damals war die Gesammtbevölkerung Berlins auf 173.000 Einwohner gestiegen, die Stadt zählte 6660 Häuser, darunter 54 Bordelle und 257 polizeilich inskribirte Dirnen.

Ein wichtiger Schritt in diesem Fache der Gesetzgebung erfolgte im Jahre 1809 durch die Ordre des Königs Wilhelm III. vom 8. Mai d. J. Königsberg, an den Polizei-Präsidenten von Berlin, Herrn von Gruner, in Folge welcher die belebteren Straßen der Stadt von den Bordellen gesäubert, diese nur fernerhin in einzelnen abgelegenen Gassen geduldet, und schließlich im Jahre 1836 alle hinter die Königsmauer zusammengebrängt wurden.

Gegen Ende des Jahres 1844 erging endlich in Folge besonderer Anregung die bekannte allerhöchste Kabinets-Ordre, welche die sofortige Aufhebung sämmtlicher Bordelle

Berlins anordnete, die mit dem Eintritte des Jahres 1846 auch wirklich bereits vollbracht worden war.

Wir haben die verschiedenen Schicksale der Prostitution und der Bordelle in Preußen und insbesondere in Berlin eingehender verfolgt, weil uns einmal hiezu das reichlichste Materiale vorlag, und weil Preußen einer der höchst entwickelten europäischen Staaten genannt werden muß, der eine sehr gute Sanitätsgesetzgebung besitzt und in Beziehung auf innere Verwaltung wirklich als Muster angesehen werden kann, was uns die Art seiner öffentlichen Anstalten als besonders wichtig erscheinen lassen muß.

In Preußen war man schon seit langen Jahren unausgesetzt für innere Vervollkommnung thätig, und haben gerade da die gesetzlichen Bestimmungen in Prostitutions-Angelegenheiten die meisten Wandlungen erlitten; überdieß ist uns für die wissenschaftliche Bearbeitung dieses Feldes von besonderem Werthe, daß eben Preußen ein protestantischer Staat ist, da man immer leicht geneigt war den Einfluß des Katholicismus auf die Artung der Staatsgesetze in dieser Angelegenheit als besonders maßgebend bezeichnen zu wollen.

Wir übergehen die Mittheilung über die Bordelle Hollands und Frankreichs in alter und neuer Zeit, da sie Nichts besonderes bieten, und wollen hier sofort das Wesen der Bordelle und die als Entschuldigung für ihre Existenz gewöhnlich vorgebrachten heilsamen Wirkungen derselben, einer genauen Beleuchtung unterziehen.

Der Grundgedanke der Errichtung von Bordellen war jedenfalls ein richtiger und guter; es hatten dieselben offenbar den Hauptzweck, das Uebel zu koncentriren, es so leichter überwachen und in jeder Beziehung unschädlicher machen zu können. Dieß ist auch der Einzige moralische Standpunkt, von dem aus die Errichtung derselben gebilligt werden kann.

Sollen Bordelle wirklich nützen, so ist es absolut nothwendig daß jede andere Art der Prostitution möglichst unterdrückt und verhindert werde; wir müssen gestehen, daß dieß in alten und neueren Zeiten auch wirklich angestrebt worden ist. Während man die Bordelle privilegirte und ihre Bewohner unter den besonderen Schutz des Gesetzes nahm, zog man stets mit Pranger, Ruthen und Verbannung gegen jede andere Art der bezahlten Liebe; Auspeitschen und Landesverweisung war das unabänderliche Schicksal einer ergriffenen Winkelbirne, und zur Auswitterung und Entdeckung derselben wurden ganz richtig die Besitzer der Bordelle selbst benutzt, die durch Beeinträchtigung ihres Erwerbes in Folge dieser Winkelei sich gewiß zu besonderer Thätigkeit angespornt fühlten. Und doch wurde diese Absicht nie erreicht.

Schon bei den Griechen und Römern finden wir neben den Bordellen eine schwere Menge Geldmädchen auf eigene Faust, und von jeher gab es überall außerhalb den privilegirten Frauenhäusern käufliche Dirnen, die trotz der angewandten strengen Strafen nie vollständig ausgemerzt werden konnten.

In kleinen Städten wurde vielleicht dieses Ziel zeitweise annähernd, oder vorübergehend vollständig erreicht; heutzutage, bei der Erweiterung aller Städte, bei der großen Einwohnerzahl der bedeutenderen derselben, ist jedoch an die Lösung einer solchen Aufgabe gar nicht mehr zu denken, und stehen ihr auch die geänderten Ansichten über die persönliche Freiheit des Menschen vollständig entgegen.

So kam es, daß sich in vielen Städten die Bordelle wohl erhielten, aber nach und nach der Betrieb der Unzucht außerhalb derselben immer häufiger wurde, und sich das Institut der Winkeldirnen in täglich steigender Progression entwickelte.

Die Bordelle verloren so wirklich ihren Zweck und wurden daher auch an vielen Orten aufgehoben.

In Berlin gab es im Jahre 1795, wie wir schon früher bemerkt haben, 54 Bordelle und genau 257 polizeilich inskribirte Dirnen, neben welchen, nach dem Zeugnisse des damaligen Stadtphysikus aber auch schon zu jener Zeit eine Unzahl von Winkeldirnen befand.

Zur Zeit der Schließung der Bordelle in Berlin zählte man daselbst 10.000 Winkeldirnen, neben welchen nur 250 Bordellmädchen bestanden.

Wie außerordentlich wenig Schutz diese Anstalten unter den bemerkten Verhältnissen der Bevölkerung allenfalls gewähren konnten, ist leicht einzusehen, und sprach sich daher auch die maßgebende Meinung dahin aus, daß ihre Aufhebung einen höchst geringen Einfluß auf den Stand der Prostitution und der Syphilis in Berlin haben könne, da das Institut der Bordelle daselbst ohnehin in letzterer Zeit ein abgestorbenes, einflußloses gewesen ist.

Heutzutage findet man gewiß überall neben den Bordellen alle möglichen Arten der Prostitution, und wird wohl in allen großen Städten die Ausrottung der sogenannten Winkelei nicht mehr angestrebt werden, da man aus Erfahrung weiß, daß sie doch nicht zu erreichen ist. Es liegt in der Natur der Prostitution, daß sie sich immerfort, ohne Stillstand, neu erzeugt, und diese Erzeugung findet eben auf eine den socialen Verhältnissen selbst entsprechende Art und Weise statt, nämlich in den geschilderten natürlichen und nicht in künstlich geschaffenen Formen, die erst gewaltsam durch das Gesetz gebildet werden müssen.

Wie es mit dem Vermeiden der Winkeldirnen durch das Bestehen der Bordelle schlecht stand, eben so schlecht stand es und steht es noch mit der Verhütung specifischer Krankheiten durch dieselben.

Die Bordelle haben sich durchaus nicht als absolute Schutzmittel gegen die Weiterverbreitung specifischer Krankheiten bewährt, obwohl sie relativ als solche in einem geringen Grade betrachtet werden können. Es ist eine gewöhnliche Erfahrung, die Fremde in mit solchen Anstalten gesegneten Städten machen, daß sie bei einem beabsichtigten Besuche derselben gewarnt werden, wegen zu besorgender Ansteckung vorsichtig zu sein, da daselbst die vorgeschriebenen Sanitätsmaßregeln gerne außer Acht gelassen werden.

Obige Behauptung findet ein überaus glänzendes Zeugniß in dem genau konstatirten Verhältnisse geschlechtlicher Erkrankungen der Berliner Bordellbirnen. Diese mußten nämlich, wie wir wissen, nach dem Reglement v. 2. Febr. 1792 §. 8 einen bestimmten Betrag erlegen, der in eine eigene Kasse, die Hurenheilungskasse kam, welche dafür die Heilung der erkrankten Dirnen in der Charité zu bestreiten hatte. Bald ergab sich nämlich, daß die Kasse wegen der Geringfügigkeit der Einlagen nicht bestehen könne, da dieß nur möglich gewesen wäre, wenn nie mehr als etwa der fünfzehnte Theil der Beitragenden auf einmal sich in der Charité befunden hätte, was aber nie erreicht wurde.

Es wurde fast jede Dirne zweimal in Jahre krank und befand sich oft der zehnte Theil derselben in der Charité. Jede lag durchschnittlich zwei Monate lang krank, viele aber bedurften auch 15 und 16 Monate zu ihrer Heilung.

Die Abgabe in die Heilungskasse wurde mehreremale bedeutend erhöht, und zwar zum ersten Male durch ein Reskript vom 22. December 1795.

Dieses Verhältniß änderte sich später einigermaßen; so betrug z. B. im Beginne des Jahres 1810 die Zahl der in Bordellen befindlichen inskribirten Dirnen daselbst 164 und hievon befanden sich 25, also über 15 pCt. in der Behandlung der Staats-Aerzte.

In dem Jahre 1842 waren 313 inskribirte Dirnen in der Charité, im Jahre 1843 — 251, im Jahre 1844 — 192: durchschnittlich in jedem Jahre 250.

Es wurde also damals, da die Zahl der inskribirten Dirnen durchschnittlich auch ungefähr 250 betrug, Jede einmal im Jahre krank und da jede Krankheit ungefähr einen Monat währte, so befand sich in diesen Jahren gewöhnlich zu gleicher Zeit der zwölfte Theil, also etwa 8 pCt. derselben in der Krankenanstalt.

Die untersuchten Winkeldirnen zeigten, daß sie um 1—2 pCt. weniger gesund waren, als die inskribirten Lohndirnen.

Es hat sich also der Gesundheitszustand der Bordelldirnen keineswegs erheblich günstiger als der der Winkeldirnen herausgestellt. Bei den ersteren betrug die Zahl der syfilitisch kranken 8—9, bei den letzteren 10 Percent.

Allerdings ist nicht zu verkennen, daß eine syfilitische Bordelldirne eine weit geringere Anzahl von Kranken anzustecken im Stande ist, wenn die Bordellgesetze genau befolgt werden, als eine syfilitische Winkeldirne; dieß kann jedoch durch bestimmte Polizei=Verordnungen auch bei Winkeldirnen erreicht werden.

Eben so wenig wurde endlich eine Vermeidung oder Verminderung des öffentlichen Aergernisses durch die Einrichtung der Bordelle bewirkt.

Eine solche war jedenfalls durch das Institut angestrebt, und die Bestimmungen desselben dahin gerichtet; sie wurde aber nicht erreicht, weil die gesetzlichen Vorschriften regelmäßig außer Acht gelassen wurden, und deren Beobachtung nicht erzwungen werden konnte. Die Mädchen erscheinen, besonders in den Bordellen minderen Ranges, in leichten Kleidern nicht nur an den Fenstern, sondern auch an den Thüren des Hauses, um die Vorübergehenden zum Eintritte einzuladen und wissen bei nahender Gefahr meist schnell genug wieder zu verschwinden.

Das Ausgehen aus dem Hause ist ihnen wohl nur selten, aber doch 1—2mal wöchentlich, gestattet und bleibt ihr Erscheinen an öffentlichen Orten, wenn sie auch nur in Begleitung von Aufsichtspersonen dahin gelangen können, eben so anstößig wie das der übrigen freien Geldmädchen.

Die Ordnung eines orientalischen Serails können wir nicht einführen und so ist das Aergerniß des öffentlichen Erscheinens der Damen von zweifelhaftem oder bestimmt schlechtem Rufe überhaupt nicht zu vermeiden.

Es war daher das Streben der Einwohner, die Bordelle aus den belebteren und schöneren Straßen einer Stadt zu entfernen, ganz natürlich, und erschien eben auch in Folge solcher Veranlassungen der früher erwähnte Specialbefehl des Königs Friedrich Wilhelm III. von Preußen vom 8. Mai 1806 b. b. Königsberg, nach welchem alle belebteren Straßen der Hauptstadt von den Bordellen gesäubert werden mußten.

Das reichte jedoch nicht aus, und es begann besonders mit dem Jahre 1828 unter den Bewohnern der Stadt Berlin eine neue unverkennbare Aufregung gegen diese Häuser. Die Bewohner mehrerer Straßen baten wiederholt und massenweise bei dem Polizeipräsidium, bei dem Ministerium und zuletzt bei des Königs Majestät, daß man sie von der Nachbarschaft der in selber bestehenden Bordelle befreien möge. Dieß wurde auch wirklich erreicht und die Bordelle mußten im Jahre 1839 alle nach der Königsmauer umsiedeln.

Nach dieser Uebersiedlung betrug die Gesammtzahl der Berliner Bordelle 28, welche fast alle 52 Häuser der Straße hinter der Königsmauer einnahmen, da mehrere Bordellwirthe 2 und selbst 3 Häuser zu einem Bordelle vereiniget hatten.

Das Zusammendrängen dieser Anstalten auf Einem Punkt hatte sich aber noch weniger bewährt, sich vielmehr sehr bald als eine unzweckmäßige Maßregel gezeigt. Die Dirnen fühlten sich in dieser großen Menge eigentlich viel sicherer, freier und ungezwungener, und benahmen sich auch vollständig darnach. So konnte auch die Königsmauer nur für kurze Zeit ein Asyl der Bordelle sein.

Die Bewohner der nächstgelegenen Straßen traten schon im Jahre 1842 mehrfach und zwar in einer höchst entschiedenen, ja sogar leidenschaftlichen Weise mit dem Verlangen hervor, daß man sie von der traurigen Bürde, welche ihnen durch die Bordelle der Königsmauer auferlegt sei, befreien möge; sie führten in demselben als besonderen Grund an, daß es trotz aller Anstrengung der Polizei-Beamten durchaus unmöglich sei, die große Menge der Dirnen im Zaume zu halten; vielmehr fielen unter ihnen täglich, ja stündlich die ärgerlichsten und skandalösesten Auftritte vor, welche für die ganze Nachbarschaft anstößig seien und eine Entwerthung der daselbst gelegenen Grundstücke verursachen.

Man hatte in Preußen schon im Jahre 1810 angefangen, die Richtigkeit der Ansicht des Mittelalters, daß die Bordelle ein nothwendiges, nicht zu entbehrendes Uebel seien, lebhaft zu bezweifeln, und es sprach sich seit jener Zeit, namentlich in den höheren Verwaltungskreisen, eine entschiedene Abneigung gegen das Institut der Frauenhäuser aus.

Man fing schon damals an sie für die Ueberbleibsel eines mittelalterlichen Irrthumes zu halten und in jeder Weise auf ihre Vernichtung hinzuarbeiten; man hatte beschlossen keine neue Koncession zur Anlegung von Bordellwirthschaften zu ertheilen und das

allmählige Erlöschen der schon vorhandenen einzuleiten. Die Sache
gerieth aber trotz vielfacher Stimmen, die unter den Polizeibeamten,
Geistlichen, Literaten u. s. w. laut wurden, wieder in's Stocken, und kam
erst neuerdings in Fluß durch obige Petition der Einwohner der Hauptstadt
vom Jahre 1842, der sich auch der Magistrat anschloß und den
schon mehrfach gestellten Antrag, man möge die Bordelle
entweder ganz aufheben oder sie wenigstens nach einer
noch entfernteren Gegend der Stadt verlegen, neuerdings und
entschieden formulirte.

Nachdem man nun zunächst vergeblich den Versuch gemacht hatte,
irgend ein passendes, entlegenes Terrain für die Bordelle ausfindig zu
machen und nachdem man sich wiederholt überzeugt hatte, daß es
trotz der ernstlichen Maßregeln und der sorgfältigsten po=
lizeilichen Kontrole nicht möglich sei eine strenge Beobach=
tung des Bordellreglements in solchen Häusern zu er=
zielen, so sprach sich schon unter dem 15. Februar 1843 das Mini=
sterium des Innern für die gänzliche Aufhebung der Bor=
delle aus, welche dann, wie bemerkt, gegen Ende des Jahres 1844 durch
allerhöchste Kabinetsordre definitiv angeordnet wurde.

Diesem Beispiele folgte man auch seither an anderen Orten, wie
z. B. namentlich in Frankfurt a. M., worüber wir uns nach den früheren
Auseinandersetzungen eben nicht verwundern können; wir gestehen vielmehr,
daß wir diese Maßregel unter den bestandenen Verhältnissen als eine voll=
ständig gerechtfertigte und richtige anerkennen müssen.

Die Bordelle wie sie jetzt eingerichtet sind, haben wohl kein Recht
mehr für ihre Existenz, und man muß es offen bekennen, daß die Ge=
setzgebung in dieser Angelegenheit trotz der übrigen Fortschritte des mensch=
lichen Geistes, in der neueren Zeit eine immer mangelhaftere geworden
ist. Welch' ungeheurer Unterschied besteht nicht zwischen den Frauen=
häusern der Alten und denen unserer Zeit!

Jene waren Staatsanstalten, die durch Staatsorgane selbst
verwaltet und beaufsichtiget wurden, die man allgemein als dem öffentlichen
Wohle zuträglich erkannte und demnach auch behandelte. Diese sind
nun Nichts anderes als Privatgeschäfts=Unternehmungen,
bei welchen der Mensch vollständig als Sache behandelt wird, die nicht
dem öffentlichen Wohle zu dienen, sondern nur dem Unternehmer Geld
einzubringen haben.

Wir haben solche Anstalten selbst in großer Zahl kennen gelernt
und gefunden, daß nicht nur gar kein moralischer Grund für ihren weiteren

Bestand angegeben werden kann, sondern daß sie eben nur wirklich noch als Ueberreste mittelalterlicher Barbarei angesehen werden müssen.

Die Einrichtung der modernen Bordelle finden wir:

1. **Im offenen Widerspruche mit der Menschenwürde.**

Der Mensch erscheint in denselben als pures Mittel zum Zweck, er verliert seine persönliche Freiheit und jedes Selbstbestimmungsrecht; er wird als Waare angesehen und behandelt und ist ein wirklicher Sklave von Gesetzeswegen.

2. **Als concessionirte Wucher- und Betrugsanstalten.**

Es ist noch nicht genug, daß der Körper der Bordellmädchen ihrem Herrn zur beliebigen Ausnützung überlassen ist; er weiß diese auch noch weiter auszubeuten und versteht es, sie selbst noch um den geringen Theil des Lohnes zu bringen, der ihnen von dem Verdienste als baare Münze zufällt. Jedes einigermaßen hübsche Mädchen dieser Häuser, das als einträglich erachtet oder erwiesen ist, hat Schulden an die Anstalt, die dadurch entstehen und unterhalten werden, daß man ihr Geldvorschüsse zu den schmählichsten Procenten hinaufrebet oder Kleider und Schmuck gegen Abzahlung überläßt, die als wahre Kleinode nur zu ungeheuren Preisen berechnet werden. So bleibt das Mädchen, so lange sie verdienen kann, immer in der Schuld gegen die Anstalt, wodurch sie in derselben gewissermaßen gefangen ist und einer systematischen Ausnützung ohnmächtig anheimfällt. Der größere Erwerb eines hübschen Bordellmädchens bereichert nur ihren Herrn und Besitzer; sie verdient Alles nur für ihn.

Alle gesetzlichen Bestimmungen, die den Mädchen zum Schutze dienen sollen, werden durchaus ignorirt oder umgangen, ohne daß es die Behörden verhindern können.

3. **Aus Bordellen ist die Rückkehr in die ehrliche Gesellschaft für die Mädchen sehr erschwert**, da sie durch selbe einer allgemeinen öffentlichen Bloßstellung preisgegeben sind, und die tiefste Stufe der menschlichen Erniedrigung erreicht haben.

Alles sittliche Gefühl, alle moralische Kraft geht in dem erdrückenden Bewußtsein dieser Stellung verloren, und nur besondere Ereignisse vermögen diese Unglücklichen noch zu erretten.

Als Verlorene werden sie auch wirklich angesehen, und es ist eine höchst interessante und merkwürdige Erscheinung, daß in südlichen Ländern Leute, z. B. in großen Gefahren oder aus anderen Ursachen, das religiöse Gelöbniß ablegen, im Falle eines guten Ausganges eine solche Unglückliche aus ihrem Elende erlösen zu wollen.

Südliche Schiffskapitäne ledigen Standes machen nicht selten in einem gefährlichen Sturme, der sie mit sicherem Tode bedroht, der heiligen Jungfrau das Gelöbniß, für ihre Errettung ein Mädchen aus einem Bordelle erlösen und heiraten zu wollen. Die Bordell-Besitzer in Triest z. B. wissen aus Erfahrung, daß solche Versprechen auch gehalten werden.

Der sittliche Verfall wird jedenfalls durch das Wohnen in Bordellen ungemein gefördert, da die daselbst versammelte Gesellschaft eben nur gegenseitige schlechte Einwirkungen hervorbringen kann.

4. **Die Bordelle sind auch immer zugleich Kuppelanstalten; sie verursachen und erhalten die für die Familien so außerordentlich gefährliche gewerbmäßige Verführung.**

Bordelle können nur bestehen, wenn sie für Abwechslung sorgen und stets Neues zu bieten vermögen. Da die Mädchen in diesen Anstalten außerordentlich abgenützt werden, man rechnet das Doppelte von Winkeldirnen, so ist ein öfterer Wechsel derselben nothwendig, um die Gäste nicht zu verlieren; es hat sich daher ein eigenthümliches Speditionsgeschäft für lebendes Menschenfleisch herausgebildet, das nun vollständig organisirt und über die ganze Welt verbreitet ist. Die Preise für die Verschickung der einzelnen Waaren sind verschieden nach dem Werthe dieser selbst, und variiren von zwei bis zu einigen Hundert Gulden. Die Mädchen werden wohl oft nur aus einer Anstalt in die andere verschickt und Tauschhandel getrieben; die Spediteure sind aber auch mit Kupplerinnen aller Länder in Geschäftsverbindung, die ihnen neue frische Waare zuschicken, welche sie oft selbst erst vor Kurzem der ersten Verführung verkauft hatten.

Die Besitzer von Frauenhäusern machen auch vielfache und weite persönliche Reisen zur Erwerbung neuer preiswürdiger Waare, die förmlich als solche verhandelt wird, und wir haben selbst in einem holländischen Bordelle einmal zwei junge Schwestern aus Schweden gefunden, die soeben mit dem Eigenthümer desselben aus ihrer Heimat angekommen waren. Der Mann hatte sie von ihrem eigenen Vater, der in einer bedrängten Lage war, für 400 holländische Gulden auf Ein Jahr gekauft, und wurden diese armen geopferten Kinder mit einer Schuldenlast von 800 Gulden in die Anstalt eingestellt.

Nach diesem Bekenntnisse können wir unmöglich die Einführung solcher Anstalten in Wien empfehlen, da sie uns gewiß nur ein neues, noch größeres Uebel schaffen, aber das alte nicht aufheben würden.

Wir glauben jedes menschliche Herz muß sich sträuben gegen die Concessionirung eines solchen Handwerkes. Jede Sklaverei ist eine Versündigung gegen die Menschenbestimmung. In den natürlichen Formen der Prostitution bleibt selbst die verworfenste Person noch immer ein freier, selbstständiger Mensch, der seine volle Selbstbestimmung erhält und nur allein über sich verfügen kann.

Eine solche Schöpfung wäre ein Rückschritt in jeder Beziehung, und wäre es nicht zu entschuldigen vor dem Richterstuhle der Vernunft, bei einer Reform dieser Verhältnisse den Weg des Schlendrians einschlagen zu wollen. Wir sollen Verbesserungen anstreben; diese würden wir aber nicht erreichen durch blinde Nachahmung irgendwo anders bestehender Einrichtungen, ohne vorerst deren Werth oder Unwerth kennen gelernt zu haben.

Wir haben die Werthlosigkeit nicht nur, sondern das Scheußliche und Unmenschliche der modernen Bordelle hinlänglich nachgewiesen und gezeigt, daß die intelligentesten und freisinnigsten Gesetzgebungen in der Neuzeit bemüht waren, diese seit Jahrhunderten bei ihnen bestandenen Anstalten zu vertilgen, da sie sie nur als Schandflecken desselben ansehen mußten. Es kann daher wohl bei uns von einer Einrichtung solcher Sklavenhäuser gewiß nicht ernstlich die Rede sein.

Mit der Verurtheilung der Bordelle, jener wichtigsten und dauerndsten Einrichtung der Organisation der Prostitution wird uns auch der Werth dieser selbst mehr als zweifelhaft!

Es geht hier so wie überall, wo die Natur gewaltsam in künstliche Formen gezwängt werden soll. Immer ist ein ungeheurer Kraftaufwand gegen riesige Schwierigkeiten erforderlich, und doch ist sehr oft der erreichte Erfolg kein dauernder, der Sieg nur ein augenblicklicher und daher werthloser.

Wir halten eine eigentliche Organisation der Prostitution, eine Schöpfung künstlicher Verhältnisse, für ein verfehltes Unternehmen, und denken uns als das Einzig Praktische und Mögliche, eine strenge Ueberwachung der natürlichen Erscheinungen derselben in sittlicher und sanitärer Beziehung, eine kräftige Handhabung der betreffenden Gesetze, um das Uebel in möglichst engen Grenzen zu erhalten und seine bösen Folgen für die Gesellschaft vermindern zu können.

Unsere sittenpolizeilichen und Sanitätsgesetze sind aber durchaus nicht auf der Höhe der Zeit und müssen in Beziehung auf die Prostitution geradezu mangelhaft genannt werden; sie scheinen überdieß auch nicht immer strenge Anwendung zu finden. Daher diese ungeheure Ausartung und riesenhafte Wucherung jenes Uebels. Daher die vielen durch dasselbe erzeugten Krankheiten.

Als zu lösende Aufgabe stellt sich uns also eine zweckmäßige Verbesserung und Vervollständigung der Sanitäts- und Sittengesetze heraus, sowie die Sorge dafür, daß diese auch immer redlich und eifrig gehandhabt werden mögen.

Wir müssen vor Allem in Beziehung auf die Prostitution vom Gesetze verlangen:

1. Schutz vor Verführung und allgemeiner Demoralisation.
2. Schutz vor den specifischen Krankheiten derselben.

Es müssen also Vorkehrungen getroffen werden
1. Gegen die natürlich unsittliche Erscheinung und das Aergerniß derselben.
2. Gegen die systematische Verführung.
3. Gegen die schrankenlose Ausbreitung, und
4. Gegen die Verbreitung der Krankheiten der Prostitution.

Denn jeder Staat, der auf der Höhe der gegenwärtigen Bildung stehen soll, muß strenge und klare Gesetze haben:

1. Gegen jedes öffentliche Auftreten der Unsittlichkeit als solcher, und wider die Verletzung des öffentlichen Anstandes.
2. Gegen die gewerbsmäßige Verführung.
3. Für die möglichste Verminderung der Prostitution und die strenge Abschließung derselben in ihre natürlichen Schranken.
4. Für die Kontrole der Gesundheit der Prostitutions-Mädchen.

5. Für die Bestrafung verheimlichter Krankheiten derselben, und endlich

6. Für die Kontrole der Heilung der specifischen Krankheiten.

I. Die Wahrung der öffentlichen Sittlichkeit.

Die Ueberwachung der öffentlichen Sittlichkeit war bei uns wie in jedem geordneten Staate überhaupt von jeher schon eine besondere Sorge der bestehenden Polizeiverordnungen, und können wir durchaus nicht annehmen, daß die Vermeidung oder eigentlich die Ahndung öffentlicher Aergernisse, erst durch eine Regulirung des Prostitutionswesens erreicht werden sollte. In dieser Hinsicht vermöchten wir letztere wohl am leichtesten zu entbehren, da sich ja ohnedieß die ganze Gesellschaft ohne Ausnahme unter den gleichen Gesetzen über öffentliche Sitte und Anstand befinden muß.

Es scheinen aber die betreffenden Vorschriften für die Gegenwart nicht mehr ganz ausreichend zu sein, weßhalb eine Revision und Vervollständigung, sowie eine energische und gerechte Anwendung derselben allgemein höchst wünschenswerth und nothwendig genannt werden muß.

Von dem Erscheinen an öffentlichen Orten kann Niemand ausgeschlossen werden, so lange er den öffentlichen Anstand in Benehmen und Kleidung nicht verletzt; es kann daher von einem Specialgesetze für die Priesterinnen der Venus keine Rede sein. Die Wahrung des öffentlichen Anstandes ist eine Allgemeine Pflicht und der Zuwiderhandelnde verfällt dem Gesetze ohne Rücksicht auf seinen persönlichen Charakter.

Eine merkwürdige, unseren Gesetzen gegenüber nicht leicht erklärliche Erscheinung sind die seit einigen Jahren in Wien eingerissenen nächtlichen Züge der Geldmädchen durch die Straßen der Stadt und der Vorstädte. Es kann und darf wohl den Damen eben so wenig wie den Männern verwehrt werden, des Nachts ungehindert durch die Straßen zu gehen; doch auch während der Nacht gilt die Autorität des Gesetzes und das massenweise Durchziehen der Straßen von Geldmädchen, die stellenweise geselligen Versammlungen und lebhaften Unterhaltungen derselben, das offene Herausfordern der vorübergehenden Männer, die oft nicht ohne Aufregung geführten nachfolgenden Unterhandlungen und die sofortige willig geduldete oder freundlich angeregte Prüfung der zu gewärtigenden Reize auf öffentlicher Straße, können unmöglich innerhalb den Grenzen des Gesetzes liegen.

Was in Mitte der Stadt geschieht, das ereignet sich wohl in noch lästigerem Grade in einzelnen Vorstädten und begreifen wir ganz gut den öffentlichen, wiederholt erlassenen Aufruf der Bewohner einzelner Bezirke: die Polizei möge sie von den ärgerlichen nächtlichen Straßen-Orgien befreien.

Derlei Ereignisse sind wirklich Erscheinungen der Neuzeit und bestehen erst seit einigen Jahren; man kannte sie in früheren Zeiten gar nicht und war ehedem in Wien die nächtliche Ruhe in den Straßen eine ganz befriedigende zu nennen.

Die Duldung der Versammlungen der Prostitution in einzelnen Kaffee- und Gasthauslokalitäten, ihre Bälle in bestimmten Salons erscheinen uns dagegen nicht nur vollständig gerechtfertiget, sondern halten wir sie sogar für eine sehr kluge, nützliche und gerechte Maßregel. Jedermann wird nämlich sofort erkennen, daß es aus sehr zahlreichen Ursachen viel besser ist, die Prostitution befinde sich in einem bestimmten Raume in ungezwungener Geselligkeit unter sich, als über viele öffentliche Orte zerstreut. Nur durch solche Zusammenkünfte kann die übrige sittlich gesunde Gesellschaft einigermaßen von ihrer Aufdringlichkeit verschont bleiben. Jedermann kennt solche Orte, oder kann sie wenigstens sehr leicht kennen lernen, und wenn er will eben so leicht vermeiden. Es wird keinem anständigen Menschen einfallen, seine Kinder in solche Kreise zu führen, da sie ja eben nur in sehr beschränkter Zahl vorhanden zu sein brauchen und zur Befriedigung geistiger und leiblicher Bedürfnisse gewiß noch hinreichend viele andere honette Lokalitäten übrig bleiben.

Eine Erscheinung, speciell ein Aergerniß, das man erst aufsuchen muß, das sich nicht von selbst unabweislich aufdrängt, wie z. B. die früher bemerkten nächtlichen Straßenzüge, scheint uns eigentlich den Charakter eines öffentlichen Aergernisses vollständig verloren zu haben.

Es ist übrigens dringend nöthig, daß auch in dieser Angelegenheit entscheidende Beschlüsse gefaßt und bestimmte Verordnungen erlassen werden, da die jetzige Gepflogenheit eine provisorische und an den einzelnen Orten oft eine ganz verschiedene zu sein scheint.

Es kann aber wahrlich nicht zur Erhöhung und Befestigung der Achtung vor dem Gesetze beitragen, wenn die Organe desselben heute an einem bestimmten Orte Etwas als straffällig behandeln und untersagen, was sie morgen in der nächsten Nachbarschaft wieder in derselben Ausdehnung zu dulden sich gezwungen sehen.

2. Die gewerbsmäßige Verführung.

Weit mehr als das öffentliche Erscheinen der Prostitution schadet die durch sie herbeigeführte gewerbsmäßige Verführung unschuldiger Mädchen, die Kuppelei; es kann kein Gesetz zu streng und keine Strafe zu hart sein, die gegen diesen moralischen Würgengel ausgesprochen werden.

Die Kuppelei trachtet gierig nach Geld und für dieses thut sie eben Alles; sie kennt nicht die Gesetze der Ehre oder der Menschlichkeit, sie berücksichtiget nicht einmal die Bande des Blutes und wird so zu einer Anstalt, die ganz außer dem Kreise der Menschen steht und letztere eben nur als Dinge betrachtet, mit welchen sie Handel treiben kann.

Ist einmal eine Unglückliche in diese Hände gerathen, so folgt kein Wiederaufrichten nach dem Ersten Falle. Unter solcher Leitung kann es nur immer weiter abwärts gehen auf den Bahnen des Lasters, immer abwärts; nie wieder aufwärts!

Es wird freilich auch ohne diesem Institute nie an Geldmädchen fehlen, aber dennoch ist es die heiligste Pflicht des Gesetzes die Unschuldigen vor systematischer Verführung zu schützen! Unser Gesetzbuch sucht diesen Schutz durch anerkennenswerthe Bestimmungen zu erstreben und wir haben nur den Wunsch, daß dem Ungeheuer durch energische und ausnahmslose Anwendung der Paragrafe des Strafgesetzbuches der Kopf ganz zertreten und selbst die einfache Vermittlung durchaus nicht geduldet werde; letztere ist um kein Haar unschädlicher oder besser, als die eigentliche Verführung, zu der sie sich gewiß auch bei jeder gegebenen Gelegenheit sofort ohne alles Bedenken entfaltet.

Es finden sich in Wien manche Frauen, die immer eine kleinere oder größere Anzahl junger Mädchen, und zwar ganz ungescheut, zur Verfügung haben, welche sie entweder auf Verlangen an bestimmte Adressen überschicken oder den Empfang von Gästen in ihrer eigenen Wohnung übernehmen.

Diese Einrichtung ist ein Gift für die Moralität der Gesellschaft, bringt derselben gar keine Vortheile und vereiniget nur alle Schattenseiten der Bordelle in sich. Es gilt von derlei Anstalten Alles, was wir über die letzteren gesagt haben; sie vernichten ebenso die persönliche Freiheit ihrer Opfer, saugen diese gleichfalls erbarmungslos aus und bieten gar keine Garantie für die Erhaltung der

Gesundheit, da sie eben in dieser Hinsicht ganz unbekümmert sind. Dagegen sind sie auch immer auf Abwechslung zur Erhaltung ihrer Kundschaft angewiesen, weßhalb sie eben nicht nur Sklavenhandel in bereits marktfähiger Waare treiben, sondern diese auch durch systematische, gewerbsmäßige Verführung ihrem künftigen Berufe zugänglich zu machen suchen.

Solche mit jedem Tag sich vermehrende Anstalten sollen und müssen sofort gänzlich vertilgt und mit der größten Strenge derlei menschenschänderische Geschäfte verhindert werden, da das Gesetz keinen andern als den höchsten moralischen Standpunkt der Prostitution gegenüber einnehmen darf.

3. Die Erhaltung der Prostitution in ihren natürlichen Grenzen.

Die Prostitution ist gewiß nur bis an eine bestimmte Grenze ein Bedürfniß und die Erhaltung derselben innerhalb dieser ist eine Hauptaufgabe des Gesetzes. Diese Grenze kann wohl nicht mit mathematischer Schärfe bestimmt werden, sie resultirt aber ziemlich deutlich aus gewissen Erscheinungen.

Ein ganz einfaches aber sicheres Kriterium, daß die Prostitution ihre natürliche Grenze überschritten habe, glauben wir z. B. darin finden zu sollen, daß sie in diesem Falle öffentlich aufdringlich wird. Nur in sehr wenigen Fällen ist diese Aufdringlichkeit und die rücksichtslose Frechheit eine Folge eminenter Ausbildung natürlicher Anlagen; bei weitem öfter sind diese bedingt durch die Nothwendigkeit Etwas verdienen zu müssen und zeigen das Streben, diesen Verdienst durch besonderes Auffallen herbeiführen zu wollen. Kameliendamen, die das Glück haben über ihre täglichen Bedürfnisse zu verdienen, affektiren in der Regel sofort eine auffallende Berücksichtigung und Verehrung des Anstandes und haben kein größeres Vergnügen, als diese Thatsache ihren Gästen nur so oft als möglich begreiflich machen zu können. Mangel an Erwerb in Folge übermäßiger Konkurrenz, der Hunger, die Noth verursachen in der Regel das Ausarten der Geldmädchen, ihre öffentliche unverschämte Frechheit, wie sie bei uns jetzt allnächtlich und mitunter auch schon bei Tage in den Straßen zu finden ist.

Gegen die schrankenlose Ausdehnung dieses Uebels ist die strenge Anwendung der Sitten- und Gesundheitsgesetze das durchgreifendste Mittel. Es werden durch sie auf ganz gerechte Weise gewiß immer eine schöne Anzahl Geldmädchen außer Thätigkeit gesetzt, die theils in ihre Heimat zurückgeschickt, theils in Spitälern oder Besserungsanstalten untergebracht werden müssen. Wenn auch in den meisten Fällen nur eine zeitweise Entfernung der betreffenden Individuen von dem Schauplatze ihrer verberblichen Thätigkeit erzielt werden kann, so wird die allgemeine Anzahl doch immer für den Augenblick vermindert; viele derselben werden durch die veränderten Verhältnisse auch wieder in eine veränderte Thätigkeit kommen, und vielleicht während der Zeit gebessert, nicht mehr zu ihrem früheren entehrenden Gewerbe zurückkehren.

Die fortwährende strenge Anwendung der Sanitäts- und Sittengesetze muß also jedenfalls als ein höchst wirksames Mittel zur Verminderung der Prostitution angesehen werden.

Sehr wichtig ist ferner auch die Sorge des Gesetzes für Verminderung, Einschränkung derselben durch Besserung der gefallenen Individuen. Oeffentliche Besserungsanstalten gibt es in jedem civilisirten Staate und wird die mehr oder weniger günstige Wirksamkeit derselben von der Zweckmäßigkeit ihrer Einrichtung und von dem Eifer der Anstalt selbst abhängig sein. Wir können nicht genug darauf aufmerksam machen, wie nothwendig und wichtig es ist, in dieser Hinsicht eine oftmalige Revision der Thätigkeit dieser öffentlichen Anstalten vorzunehmen, ihre Wirksamkeit genau zu studiren und die darin verwendeten Kräfte fleißig zu kontroliren.

Eine Reorganisation und vielleicht auch eine Erweiterung unserer Besserungsanstalten für gefallene Mädchen muß offenbar mit einer durchgreifenden Regulirung der Prostitution verbunden werden, wenn diese die gewünschten und angestrebten Resultate auch wirklich zur Folge haben soll.

Der Mensch ist ein anderer, wenn er durch seine eigene Schuld dem Gesetze verfallen erscheint; die Wucht dieses drückenden Bewußtseins erweicht meistens seinen Sinn und macht ihn für eblere Regungen zugänglich. Bei Benützung der Besserungsanstalten ist es daher von höchster Wichtigkeit, daß unter den Kandidaten ein genauer Unterschied gemacht werde zwischen geringeren oder größeren Fortschritten auf der Bahn des Bösen; es ist zur Erreichung der Bestimmung dieser Häuser unumgänglich nothwendig, nicht den Anfang mit der Vollendung des Lasters in Berührung kommen zu lassen.

Ein noch viel dankbareres und schöneres Feld als die Verminderung der bestehenden Prostitution können staatliche Einrichtungen in dem Streben finden, den Verfall des weiblichen Geschlechtes an dieses Uebel in Vorhinein zu verhindern. Die Prostitution selbst zeigt uns ihre Quellen. Das mögliche Verstopfen derselben gehört zu den wichtigsten und schönsten Aufgaben des Gesetzes und wird einer wuchernden Vermehrung derselben sehr wirksam vorbeugen müssen.

Bei uns scheinen unter Anderem besonders die Verhältnisse der weiblichen Dienstboten eine ergiebige Quelle der Prostitution zu bilden und wäre wohl eine Revision der einschlägigen Verordnungen ein wahres Bedürfniß.

Fremden weiblichen Dienern ohne Dienst und Erhaltungsmitteln verweigere man entschieden einen längeren Aufenthalt in Wien, wodurch der Prostitution eine Hauptquelle unterbunden und eine Besserung der Dienstmädchen selbst direkte bewirkt werden kann, da sie dann gewiß vor dem allzuleichtsinnigen Verlassen ihres Dienstes, wie dies jetzt in hohem Grade der Fall ist, zurückschrecken und sich vielmehr bemühen werden, die Zufriedenheit ihrer Dienstgeber durch willige und genaue Erfüllung ihrer Pflichten zu erhalten.

Nur besondere Verhältnisse, die für die Erhaltung der Moralität der weiblichen Dienstboten gewissermaßen eine Garantie geben können, z. B. gesicherter Lebensunterhalt, sollen ihnen einen längeren dienstlosen Aufenthalt hier ermöglichen.

Eine Reform der Bestimmungen über die Dienstzeugnisse ist ebenfalls eine augenfällige Nothwendigkeit, und die stabile Formel „treu, fleißig und redlich" darf von dem Dienstgebern durchaus nicht weiter erzwungen werden, da für die Vollständigkeit eines Dienstzeugnisses die Angabe der Art und der Zeit des geleisteten Dienstes hinreichend ist. Jede Auszeichnung der Dienstleistung muß dem Dienstgeber selbst überlassen bleiben. Niemand wird sich weigern einem Diener die geleisteten guten Dienste zu bestätigen, und wird es dann aus dem Zeugnisse ganz allein schon möglich sein, einen guten Diener von einem schlechteren zu unterscheiden.

Da es sich übrigens wohl auch treffen kann, daß ganz gute und brave Dienerinnen entweder wirklich durch längere Zeit keinen Dienst finden, oder z. B. nach Krankheiten wegen zurückgebliebener Schwäche einen solchen nicht sofort wieder annehmen können, aber auch keinen Lebensunterhalt haben, so wäre es wahrlich ein sehr zweckmäßiges und liebevolles Unternehmen, für arme dienstlose brave Mädchen eigene Zufluchtsstätten zu gründen, wo sie für billiges Geld ihre täglichen Bedürfnisse erhalten könnten, so lange sie ohne Dienst und Erwerb bleiben müssen. Solche Anstalten wären mit wenig Schwierigkeiten zu gründen und würden nur geringe Geldkräfte verlangen, da wahrscheinlich die meisten Mädchen einen Theil ihrer Unterhaltskosten bestreiten könnten, oder da es möglich würde, ihnen im Hause selbst Arbeit und so vorübergehend Verdienst verschaffen zu können. Ganz mittellose Mädchen müßten aber à conto ihres künftigen Verdienstes Kredit finden, was wohl um so weniger bedenklich wäre, da eben nur brave Mädchen in berlei Anstalten aufgenommen werden sollten.

Solche Häuser wären eine wahre öffentliche Wohlthat; neu ankommende Mädchen würden da augenblicklich eine moralische und materielle Stütze finden, die ihnen über viele gegenwärtige und künftige Schwierigkeiten und Gefahren hinweghelfen würde, welchen sie so nur zu oft zum Opfer werden müssen.

Haben solche Mädchen einen Dienst gefunden, so wird ihnen ein kleiner monatlicher Betrag, den sie an die Anstalt zahlen, die Rückkehr in dieselbe bei eintretenden Fällen und den Aufenthalt daselbst für längere Zeit ohne neue Ausgaben sichern können. Diese Einrichtungen würden es zugleich dem Publikum möglich machen, für allenfalls plötzlich erkrankte gute Dienstboten schnell ebenso gute Aushilfen finden zu können, was jeder Hausfrau höchst wichtig und wünschenswerth erscheinen muß.

Derlei Institute könnten sich, einmal im Gange, ganz gewiß selbst erhalten, ohne pekuniäre Unterstützung von Außen und wären ein sehr wichtiger Faktor der moralischen Volkserziehung.

Jetzt leben wohl immer viele dienstlose Mädchen in Wien ohne eine andere Erwerbsquelle als die Prostitution. Sie gehören gewöhnlich, wie schon bemerkt, unserer oben geschilderten letzten Klasse an und müssen in jeder Beziehung sehr gefährlich genannt werden. Die Freundin ahmt der Freundin nach, verläßt leichtsinnig ihren Dienst, da sie einen bequemer scheinenden Lebensweg kennen gelernt hat und verfällt so dem Laster. Dabei bringen es diese Leute, außer durch besondere körperliche Schönheit, in der Regel nicht leicht über die Stufe eines Bettmädels hinaus und werden als solche in sehr kurzer Zeit von den specifischen Krankheiten ereilt, die sie dann wieder möglichst zahlreich weiter verbreiten und durch ihre eigenthümliche hilflose Lage zu verbreiten gezwungen sind.

Gute, sittliche weibliche Charaktere sollen durch Preise, die ihrer Aufführung zuerkannt werden, als Muster öffentlich hingestellt und dadurch Andere zur Nachahmung aufgefordert werden.

Wien besitzt wohl durch menschenfreundliche Stiftungen solche Preise; wir würden aber für eine entsprechende Vermehrung derselben stimmen, die als Heirathsstipendien oder zur Einrichtung selbstständiger Geschäfte an brave sittliche Mädchen an bestimmten Tagen jeden Jahres vertheilt werden sollten.

Einzelne Geschäftszweige junger Mädchen sollen nach Kraft und Möglichkeit besser honorirt werden. Von den Hof- und Nationaltheatern z. B. kann man vor Allem entschieden verlangen, daß ihr untergeordnetes weibliches Personale wenigstens so gut bezahlt wird, daß es davon sein Leben auf ehrliche und anständige Weise erhalten könne.

Einzelne Gewerbe, die einer Verführung besonders ausgesetzt sind, soll man jungen Mädchen nicht zu betreiben gestatten, wie z. B. das Hausiren mit verschiedenen Waaren an öffentlichen Orten, in Gast- und Kaffeehäusern u. s. w.

Es soll mit allem Eifer dahin gearbeitet werden, daß sich so viel nur möglich Arbeiter-Associationen bilden, die zur Zeit besseren Erwerbes einen kleinen Theil ihrer Einnahmen für möglichen künftigen schlechten Erwerb oder gänzlichen Stillstand desselben beiseitelegen und zu gegenseitiger Unterstützung bestimmen. Die Thätigkeit des bekannten Schulze Delitsch auf diesem Felde hat ungeheure, nie geahnte Resultate erzielt und sollen gerade junge Arbeiterinnen zu solchen Vereinen eben so gut wie die Arbeiter aufgemuntert werden. Die Krankenvereine sind ganz schöne Anfänge und soll bei den von uns gewünschten nur statt Krankheit, Arbeitslosigkeit überhaupt als Unterstützungsgrund angenommen werden. Der Beginn der Noth ist meistens auch der Beginn des sittlichen Verfalles; wenn für diese Tage nicht früher gesorgt wird, so ist jede Hoffnung verloren und es bleibt eben später nichts Anderes übrig als die Gemeinde-Versorgung oder das Korrektionshaus.

4. Oeffentliche Kontrole der Gesundheit der Prostitutionsmädchen.

Diese Angelegenheit ist nicht nur eine der wichtigsten der gesammten Sanitätspolizei-Gesetzgebung, sondern auch mit besonderen Schwierigkeiten verknüpft. Wir können nicht die Absicht haben hier eine Geschichte der specifischen Geschlechtskrankheiten geben zu wollen; es genügt unserem Zwecke, an das Bestehen solcher nur wieder zu erinnern und zu wiederholen, daß sie hauptsächlich durch die Prostitution erzeugt und weiter verbreitet werden.

Da diese Krankheiten eine eigenthümliche und sichere Zerstörungs- und Vergiftungskraft besitzen, die nicht nur die Gesundheit und Kraft des

Einzelnen bedrohen, sondern sich auch auf Kinder und Kindeskinder weiter vererben, so waren sie von jeher von allen Sanitäts- und Polizeigesetzen mit besonderer Aufmerksamkeit berücksichtiget worden, und haben eigentlich diese hauptsächlich die großen Experimente über die Möglichkeit einer Organisation der Prostitution des Mittelalters und der Neuzeit hervorgerufen.

Mit vielen Bedauern müssen wir bemerken, daß gerade dieses wichtige Blatt der vaterländischen Gesetzgebung nicht mit der gewohnten und nothwendigen Kraft und Umsicht geschrieben wurde, daß daher nicht nur die Klagen der Bevölkerung, sondern auch die Aussagen der Aerzte und die Referate unserer Sanitäts-Anstalten eine bedeutende Verbreitung der Syfilis konstatiren, weßhalb seit längerer Zeit bereits laut um Abhilfe in dieser Noth gerufen und eine Reform der betreffenden Gesetze allgemein verlangt wird.

Es ist dies wohl eine sehr schwierige Arbeit und ein durchgreifendes Erreichen des Angestrebten nicht leicht zu gewärtigen; allein — jede redliche Arbeit verdient ihren Dank und wäre es wohl nicht zu rechtfertigen, stufenweise Verbesserungen nur deßhalb verdammen oder ganz unterlassen zu wollen, weil sie nicht unmittelbar das Endziel erreichen lassen: besonders wenn dieses für die menschliche Kraft vielleicht für immer ein unerreichbares bleiben soll.

Bei uns begnügte sich das Gesetz, wenn uns dasselbe vollständig bekannt ist, bisher mit der Aufgabe, als krank angezeigte, oder bei polizeilichen, mehr oder weniger zahlreich vorgenommenen körperlichen Untersuchungen als krank befundene Mädchen, ihrem Berufe sofort zu entziehen und zur Wiederherstellung ihrer Gesundheit an öffentliche Heilanstalten zu übergeben.

Diese Uebung ist durchaus mangelhaft, und gewiß selbst zu nur einigermaßen erfolgreicher Unterbrückung der specifischen Krankheiten gänzlich unzureichend.

Wie selten entschließt sich ein Erkrankter sein Unglück an die Polizei zu verrathen!

Polizeiliche körperliche Untersuchungen werden meist nur in Folge von Massen-Arretirungen vorgenommen, welch' letztere aber eigentlich seltene, durchaus nicht bestimmt periodisch wiederkehrende, sondern gewöhnlich nur durch wiederholt eingetretene Verletzung der öffentlichen

Sittengeseze bedingte, also ganz unbestimmte Erscheinungen sind.

Erkrankte Geldmädchen unterbrechen nur sehr selten ihre Geschäfte in Folge der Erkrankung, sie wirthschaften fort, selbst ohne Berücksichtigung der Schmerzen, die ihnen nun ihr Beruf nothwendigerweise verursachen muß, und suchen sogar nur ausnahmsweise in dieser verzweifelten Lage ärztliche Hilfe. Alle Mädchen ohne eigene Wohnungen beschränken ihre ganze Thätigkeit darauf, die ihnen mögliche Reinlichkeit jetzt auch wirklich zu handhaben und warten dann ruhig auf die weiteren Ereignisse ihres Schicksales.

So kommen denn auch nicht selten schon seit langer Zeit bestandene specifische Krankheiten erst in Folge polizeilicher Maßregeln zur ersten ärztlichen Behandlung; Krankheiten die an dem unglücklichen Opfer bereits fürchterliche Zerstörungen angerichtet, und ihr entsetzliches Gift von diesem schon wieder an hundert Andere überliefert und eingeimpft haben.

So kann es wohl endlich nicht mehr weiter gehen. Die betreffenden entscheidenden Stellen sind gewiß selbst am innigsten überzeugt, daß es anders werden müsse.

In unseren sanitätspolizeilichen Bestimmungen fehlt das wichtigste Ergänzungsglied — die Bestimmung über eine gesetzliche Kontrole der Gesundheit der öffentlichen Geldmädchen, ohne welche der ganze Apparat eben nur mangelhafte Dienste leisten kann.

Die Sanitätspolizei muß zu jeder Zeit durch unaufhörlich fortlaufende umfassende Berichte von der Gesundheit der in Thätigkeit befindlichen Geldmädchen überzeugt sein und bei Veranlassung eines Zweifels Einzelnen gegenüber im Stande sein, die Richtigkeit ihrer Berichte sofort konstatiren zu können.

Wir müssen also unseren ernstlichen Willen und unsere beste Kraft daran setzen dieses Ziel zu erreichen, weil es die Lösung einer durch die Stufe unserer Kultur bedingten und aus dem moralischen Bestande der Gesellschaft selbst nothwendig resultirenden Aufgabe gilt, welche ohne große sittliche und materielle Nachtheile nicht mehr länger aufgeschoben werden darf.

Um den Gesundheitszustand der Prostitution kennen zu lernen und jederzeit auftretende Krankheiten sofort unschädlich machen zu können, muß unsere Sanitätspolizei regelmäßige, fortlaufende ärztliche Untersuchungen der Geldmädchen einleiten; sie muß auch eine fleißige Kontrole über jene führen und die gesetzliche Existenz dieser selbst hauptsächlich und entschieden von der genauen Erfüllung der erlassenen Vorschriften abhängig machen; sie muß jede Vernachlässigung strenge strafen, die konstatirt erkrankten Individuen sofort ihrer Thätigkeit entziehen und ihre Heilung unter öffentliche Kontrole stellen.

Nachdem wir die Aufgabe in ihren Hauptmomenten ausgedrückt haben, wollen wir uns nun auch über die Art und Weise ihrer Lösung offen aussprechen und die zweckmäßig scheinenden Einrichtungen in ihren Umrissen darstellen.

Bis jetzt fehlt uns zur Erreichung dieses Zieles eigentlich Alles.

Es muß vor Allem eine eigene sanitätspolizeiliche Abtheilung zur Bearbeitung der schwebenden Angelegenheit geschaffen, durch bestimmte praktische Verordnungen in Thätigkeit gesetzt und mit den entsprechenden Organen und nothwendigen Funktionären versehen werden.

Es ist diese Aufgabe ein ganz specieller Zweig der Sanitätspolizei und kann die Lösung derselben durch die schon bestehenden Organe und Einrichtungen durchaus nicht erreicht werden.

Die erwähnte fehlende Stelle wäre für die ganz neu zu schaffende sanitätspolizeiliche Thätigkeit die Centralstelle und entscheidende Instanz, und ihre Geschäfte bestänfen darin:

1. Die Prostitutionsmädchen durch ihre Organe kennen zu lernen, und als Centralstelle über die Gesammtheit der Adressen fortlaufend Buch zu führen.

2. Aerztliche Untersuchungen derselben einzuleiten, deren regelmäßige, in bestimmten kurzen Zwischenräumen eintretende Wiederholungen anzuordnen und deren wirkliche Vornahme zu kontroliren.

3. Die diesen Verordnungen nicht Nachkommenden ihrer kompetenten Strafbehörde, und die Erkrankten den öffentlichen Heilanstalten zu übergeben.

4. Die wirklich erzielte Heilung aller aus den Anstalten entlassenen Mädchen zu konstatiren und die sofortige Ueberwachung derselben neuerdings einzuleiten, wenn sie ihre alten Geschäfte wieder aufnehmen wollen.

So groß diese Aufgabe ist, und was immer für Hindernisse der Lösung derselben entgegenstehen mögen, sie ist nun einmal da und die letztere, welche durchaus nicht unmöglich ist, muß daher auch um jeden Preis angestrebt werden.

1. **Vor Allem müssen die Adressen der Kamelien-Damen der Sanitätspolizei bekannt sein,** weil darauf jede weitere Funktion gegründet ist. Ihr Ausfinden kann keinen wirklichen Schwierigkeiten unterliegen, denn ein großer Theil derselben ist der Polizei gewiß ohnedieß schon bekannt, und die es nicht sind, werden den Agenten derselben bei nur einiger Aussicht auf ein Geschäft, ganz genau und bereitwillig diktirt werden. Die Richtigkeit derselben muß stets in genauer Evidenz gehalten, jeder Wohnungswechsel sofort pünktlich eingetragen werden. Die betreffenden Hausmeister erhalten den Auftrag, Wohnungsveränderungen dieser Mädchen sofort, jedenfalls innerhalb 24 Stunden, der Polizei anzugeben, die sie auch sogleich wieder zu kontroliren hat. 10.000 Hausmeister sind eine Armee für die öffentliche Sittlichkeit, der nichts Ungesetzliches entgehen kann. Den thätigen und aufmerksamen ämtlichen Organen wird es auch ganz leicht sein, neu beginnenden Geldmädchen sofort mit aller Schonung ihr Gewerbe zu konstatiren und ihre Namen zur Anzeige zu bringen.

Es wäre durchaus unrichtig, diese Leute der genannten Verpflichtungen wegen vielleicht als Spione betrachten zu wollen; sie haben Nichts zu thun als was durch das Gesetz von ihnen ohne Verheimlichung verlangt wird und aus den bezeichneten Ursachen auch ganz gut und rechtlich verlangt werden kann. Es ist gar nichts Zweideutiges, einem Menschen den Auftrag zu geben, den Wohnungswechsel einer bestimmten, ihm bezeichneten Person, die unter der speciellen Obhut des Gesetzes steht und zum allgemeinen Besten unter ihr stehen muß, sofort der Polizei anzuzeigen. Damit ist die Aufgabe desselben auch vollständig erfüllt; alles Uebrige geht die Polizei selbst an.

Diejenigen Individuen, die als Geldmädchen konstatirt sind, werden unverweilt von den betreffenden Organen über das, was das Gesetz von nun an von ihnen im Namen und zum Besten der Gesellschaft verlangen muß, genau unterrichtet, ihnen die bestimmte Erfüllung ihrer Verbindlichkeiten zu Gemüthe geführt und die im Unterlassungsfalle eintretenden Strafen im Vorhinein bekanntgegeben.

Ein gedruckter Auszug der gesetzlichen Bestimmungen wird ihnen zum eigenen Gebrauche übergeben und dafür eine schriftliche Empfangsbestätigung abgefordert, die im Centralamte zu erliegen hat.

Die **Hauptverpflichtungen** derselben dürften dahin koncentrirt werden, daß sie:

a) **die Gesetze der öffentlichen Sittlichkeit nicht übersehen**,

b) **eine Wohnungsveränderung** zugleich mit der neuen Adresse sowohl **den betreffenden Hausmeistern als auch der Polizei selbst unverweilt anzeigen**, und

c) **sich den nothwendigen ärztlichen Untersuchungen genau unterziehen wollen.**

Die Thatsache der Prostitution selbst werde durchaus nicht gesetzlich geahndet und stehen alle Geldmädchen, so lange sie die ihnen gesetzlich auferlegten Verpflichtungen genau erfüllen, so gut wie jeder Andere **unter dem Schutze des Gesetzes.**

Nur Verletzungen des Gesetzes können sie demselben ausliefern, und sollen sie durch ihr Gewerbe insbesondere weder ihrer persönlichen Freiheit noch der Sicherheit ihrer Person überhaupt verlustig werden.

Es ist von entschiedener Wichtigkeit, den hier ausgesprochenen Grundsatz als wirklich bestehenden gesetzlichen Ausnahmsfall hinzustellen, und so den thatsächlichen Unterschied zwischen dem Religions- und dem bürgerlichen Sittengesetze ausdrücklich anzuerkennen.

2. Aerztliche Untersuchungen der Geldmädchen.

Es gibt keine andere Möglichkeit, die Gesundheit eines öffentlichen Mädchens zu konstatiren, als eine ärztliche Untersuchung, die aber nach je 3—4 Tagen wiederholt werden muß, weil jene während dieser Zeit schon verloren gehen kann. Eine specifische Krankheit kann sofort weiter mitgetheilt werden, wenn die charakteristischen Absonderungen, die specifischen Krankheitsprodukte derselben eingetreten sind, was oft schon nach einigen Tagen der Vergiftung der Fall ist.

Man soll zwar nie den Bogen des Gesetzes übermäßig straff spannen, **wir glauben jedoch daß es ganz unumgänglich nothwendig erscheint, in jeder Woche zwei ärztliche Untersuchungen** von jedem Geldmädchen zu verlangen, wenn syfilitische Anstekungen mit Sicherheit vermieden werden sollen.

Diese Untersuchungen sollen zur allseitigen Erleichterung von jedem praktischen Arzte und Wundarzte, der das Recht der Praxis für Wien besitzt, vorgenommen und gesetzlich bestätiget werden können. Die Bezirks- und Armenärzte aber werden angewiesen, solche Untersuchungen gleichfalls auf Verlangen gegen eine Minimalentschädigung vorzunehmen, und ihnen wird auch die Kontrole über diese ärztlichen Funktionen in ihren respectiven Bezirken anvertraut.

Die Einleitung einer ganz sicheren Kontrole kann auf folgende einfache Weise getroffen werden:

Jedes Geldmädchen erhält sobald sie als solches angesehen werden muß, mit der früher besprochenen Uebergabe der sie betreffenden Polizeibestimmungen, ein eigenes Gesundheitsbuch, in dem jede ärztliche Untersuchung und deren Resultat mit dem Monatsdatum und der Unterschrift des betreffenden Arztes eingetragen werden muß. Jeder Besuch sowohl als auch die legitimirten Organe des Gesetzes, sind berechtiget dieses Buch von der betreffenden Person zur Einsicht zu verlangen, und wäre die Verweigerung derselben eine Verletzung des Gesetzes, die zur Anzeige gebracht, eine bestimmte Strafe nach sich ziehen müßte.

Die Aerzte müssen verpflichtet sein, über diese Untersuchungen genaue Register zu führen und mit jedem Wochenschluß die Abschrift derselben der Sanitäts-Centralstelle vorzulegen.

Die Centralstelle hätte über die Gesammteinläufe Buch zu führen und alle Fälle, wo die Untersuchungsbestätigung fehlt, sofort einer polizeilichen Procedur zu unterziehen, wodurch es ihr möglich würde, am Ende jeder Woche über alles in der gesammten Prostitutionswelt der Stadt Vorgefallene der früheren Woche, genaue Ausweise und Referate zu besitzen.

Wie schon erwähnt, hätten die Bezirks- und Armenärzte die Sanitätskontrole über die öffentlichen Mädchen ihres Bezirkes zu führen, welche darin bestünde, daß sie innerhalb einer bestimmten Zeit jede einzelne Prostituirte des Bezirkes zu besuchen und ihr Gesundheitsbuch einzusehen hätten.

Die Adressen derselben würden ihnen von der Centralstelle zugeschickt werden.

Die Centralstelle würde überdieß selbst eine fortlaufende Kontrole nach Art der Stichproben anzustellen haben, und besonders in allen nur einigermaßen wichtigen Vorfällen, selbst unmittelbar zu interveniren verpflichtet sein.

Die eigentlichen Straßenmädchen, die Soldaten- und Waldfräulein der Umgebung von Wien, welche gewöhnlich keine festen Wohnsitze haben, können einer ärztlichen Untersuchung nur dadurch unterworfen werden, daß man sie einfängt und gewaltsam untersucht, welche Procedur aber doch allwöchentlich vorgenommen werden muß, wenn sie von praktischem Nutzen sein soll.

3. und 4. Einleitung und Kontrole der Heilung.

Die bei den ärztlichen Untersuchungen vorgefundenen Erkrankungen werden sofort der Centralstelle und dem Bezirksarzte angezeigt, welche für die schleunige Einleitung des Heilverfahrens zu sorgen haben.

Es wäre ganz gegen unsere Ueberzeugung, der weiblichen Prostitution eine ärztliche Privatbehandlung der specifischen Krankheiten zu gestatten; wir halten es im Gegentheil für absolut nothwendig, daß die Erkrankten sofort aus ihrem Geschäftskreise entfernt werden, weil sie in diesem Falle nur durch ihre Abwesenheit vollkommen unschädlich gemacht werden können.

Alle mittellosen Geldmädchen sind daher im Erkrankungsfalle in eine öffentliche Heilanstalt abzugeben, wo sie bis zu ihrer vollendeten Wiederherstellung zu bleiben haben; bemittelte Mädchen können für ihre eigenen Kosten in Privatheilanstalten eintreten, welche jede Verantwortung bis zu ihren Entlassung für sie zu übernehmen haben. Es bestehen bereits mehrere solche Privatanstalten und werden sich dieselben bei eintretendem Bedürfnisse ohne Zweifel entsprechend vermehren.

Es scheint uns von großer Wichtigkeit, daß bei Uebergabe dieser Mädchen in die Heilanstalten, eine Sonderung nach den Graden des Fortschrittes auf der Bahn des Lasters vorgenommen werde, und daß besonders die Kliniken nur mit schon wiederholt Erkrankten belegt werden sollen.

Im Allgemeinen muß unbedingt eine der Menschenwürde entsprechende Behandlung dieser Unglücklichen in Allen derlei öffentlichen Anstalten eingeführt sein, und darf ihnen weder durch Wort noch durch That in ehrenrühriger Weise nahegetreten werden, wenn diese zugleich mit der körperlichen Heilung einen moralischen Umschwung in ihren Bewohnern herbringen sollen; wozu sie uns allerdings vollständig geeignet erscheinen müssen, da der Mensch nie mehr als gerade im Unglücke einer sittlichen Besserung zugänglich gefunden werden wird.

Alle aus Privat- und öffentlichen Heilanstalten geheilt entlassenen Mädchen sind mit einem ämtlichen Zeugnisse ihrer wiedergewonnenen Gesundheit an die Centralstelle zu überschicken, die das Zeugniß registrirt, der Widergenesenen sofort ein neues Gesundheitsbuch übergibt und sie den besprochenen Sanitätspolizei-Maßregeln wieder unterwirft, wenn jene nicht vielleicht jetzt das Weichbild der Stadt zu verlassen oder einen neuen, besseren Lebenswandel zu beginnen ernstlich entschlossen ist.

Eine sehr nothwendige Einrichtung ist ferner die, daß alle den Heilanstalten übergebenen kranken Mädchen, besonders aber die in denselben freiwillig Hilfe suchenden Männer genau nach der Person befragt werden, der sie die Ansteckung zuschreiben. Diese Personen müssen unter Umständen vor die Sanitätspolizei geladen und eventuell entweder ebenfalls einer Heilanstalt übergeben, oder wenigstens zu sofortiger Anwendung geeigneter ärztlicher Hilfe aufgefordert und bis zur eingetretenen Heilung vor jeder weiteren geschlechtlichen Berührung auf's ernstlichste gewarnt werden.

Der königl. preußische Geheime Medicinal-Rath Kluge hat in der Berliner Charité ein höchst zweckmäßiges einschlägiges Verfahren eingeleitet, das im Vereine mit den übrigen sanitätspolizeilichen Maßregeln wohl geeignet wäre der Syfilis ein Ziel zu setzen, und daher eine eingehende Nachahmung verdient.

Sobald nämlich ein männliches oder weibliches Individuum mit Syfilis behaftet nach der Charité kommt, wird es genau gefragt von wem es angesteckt worden. Die Aussagen werden in ein eigens eingerichtetes Schema eingetragen und dieses dem Polizei-Präsidium zugefertigt. Ist die Ansteckung in Berlin erfolgt, so stellt die Polizei sogleich die nöthigen Nachforschungen an, läßt das betreffende Mädchen untersuchen und bringt sie im Falle einer Krankheit sofort in die Krankenanstalt. Eben so verfährt sie mit einem Manne, wenn er wirklich krank befunden wird und einer Gesellschaftsklasse angehört, die weder das Verständniß noch die Mittel zur privaten Heilung besitzt, und daher soviel wie keine andere ärztliche Hilfe finden kann.

Diese neu eingebrachten Individuen werden abermals genau über die Quelle ihrer Ansteckung vernommen, und dann wieder ganz gleich weiter verfahren.

Leute, die nach ihren Verhältnissen selbst für ihre Heilung sorgen können, werden von dieser Maßregel ausgenommen. Kranke Soldaten und Urlauber werden den betreffenden Militärbehörden angezeigt.

Ist das erkrankte Individuum nicht in Berlin, sondern an einem anderen Orte inficirt worden, so macht die Berliner Polizei der Behörde des betreffenden Ortes Anzeige über die Person, von der die Ansteckung ausgegangen sein soll.

Den Militärspitälern, Privatanstalten und Aerzten, besonders den Specialisten, ist jedenfalls ein ganz gleiches Verfahren zur Pflicht zu machen, da ohne dasselbe die Resultate der sanitätspolizeilichen Thätigkeit immer nur mangelhafte bleiben müssen.

In Berlin hat diese Einrichtung den segensreichsten Erfolg gehabt, und nicht nur auf diese Stadt blieb er beschränkt, sondern erstreckte sich von da auch auf weit entfernte Orte hin; nicht nur preußische, sondern auch mecklenburgische, hannöverische, sächsische und andere Sanitätsbehörden haben das höchst wirksame Verfahren der Berliner Organe anerkannt, und diesen dafür ihren aufrichtigen Dank abgestattet.

Beim Polizei-Präsidium daselbst finden sich dicke Aktenstöße, mit derartigen wohlthätig eingreifenden Korrespondenzen gefüllt.

Die Berliner Charité fahndet in allen diesen Fällen gleichzeitig auf die Kurpfuscherei und Quacksalberei, was eine sehr nachahmungswürdige Gepflogenheit genannt werden muß, da Unwissenheit und Marktschreierei gerade in diesen Krankheiten ganz unabwendbaren Schaden bringen müssen.

Es ist in Folge dessen wohl ganz richtig wenn man behauptet, daß der jedesmalige Stand der Syphilis und Prostitution einer Stadt am meisten in der jeweiligen Thätigkeit der Polizeibeamten und Aerzte gegründet ist. Erfüllen diese ihren Beruf mit vollem Eifer und werden ihnen auch die nöthigen Kräfte und Mittel hiezu gewährt, so werden beide Uebel sich sehr rasch vermindern; sind sie aber saumselig, so werden diese wieder so schnell überhand nehmen, wie es in jeder Wirthschaft, in der eine nachlässige Hausfrau schaltet, mit dem Ungeziefer der Fall ist.

Diejenigen Aerzte die sich speciell mit Syfilis beschäftigen und auch unentgeldliche Ordinationen geben, verdienen mit vollem Rechte eine entsprechende Gemeinde- oder Staatsentschädigung, und sollen namentlich die anständigen Ankündigungen derselben, je nach dem Umfange ihrer Wirksamkeit, mit Prämien bedacht werden. Diese Ankündigungen müssen bei vorurtheilsfreier Betrachtung als sehr zweckmäßig und wohlthätig erkannt werden, da sie besonders jungen und unerfahrenen Leuten Gelegenheit verschaffen, die natürliche und lobenswerthe, aber hier sehr nachtheilige Scham überwinden, ihre Erkrankung nicht weiter zu verheimlichen, sondern die angebotene Hilfe vertrauensvoll aufsuchen und annehmen zu können.

Da von unseren erst vorgeschlagenen Sanitätspolizei-Maßregeln natürlich nur die öffentliche allgemeine Prostitution getroffen werden kann, so müssen wir um so dringender für die Einrichtung derselben einstehen, wenn eine heilsame Gesammtwirkung erzielt werden soll.

Wir verkennen durchaus nicht die großen Schwierigkeiten, die einer humanen, schonungsvollen aber doch energischen Durchführung unserer Vorschläge entgegenstehen; wir glauben jedoch daß guter Wille und ernste Pflichterfüllung von maßgebender Seite dieselben gewiß überwinden können, und ein günstiges Resultat die aufgewendete Mühe und Arbeit krönen wird.

Eine menschenfreundliche, gerechte und rücksichtsvolle Centralleitung in dieser Richtung der sanitätspoliceilichen Thätigkeit, erfahrene und anständige Hilfsorgane sind eine absolute Nothwendigkeit, wenn diese heilsamen, für die Existenz der Gesellschaft unentbehrlichen Maßregeln nicht vielleicht in ein lästiges, demoralisirendes Spionirsystem und gesetzlose Zudringlichkeit ausarten, und so statt Nutzen nur noch mehr Schaden bringen sollen. Namentlich müssen wir dabei hervorheben, daß den allgemeinen Sanitätspolicei-Maßregeln nur die notorischen öffentlichen Geldmädchen unterworfen werden dürfen.

Die beiden ersten Klassen unserer Eintheilung müssen von denselben ausgeschlossen bleiben, da sie weder öffentliche noch allgemeine Personen sind und daher auch nicht unter die öffentliche und allgemeine Prostitution zählen können; sie können überhaupt nur in angezeigten Krankheitsfällen so wie alle anderen Privatpersonen, nach Umständen mit dem Gesetze in Berührung kommen und ist in allen diesen Fällen die äußerste Vorsicht unerläßlich, da ein Irrthum, er treffe eine wirklich oder scheinbar unschuldige Person, sofort zu einem Unrecht wird, das die Gerechtigkeit der Behörden und die Zweckmäßigkeit ihrer Anstalten arg verdächtigen, in vielen Fällen wohl auch Ehre und Glück der Heimgesuchten unersetzlich vernichten würde.

Der oberste Humanitätsgrundsatz jedes Gesetzes muß immer der bleiben, daß es besser ist in Ungewißheit einen Schuldigen zu übersehen, als einen Unschuldigen zu kränken.

Schluß.

Wir glauben mit dem Schlusse des letzten Abschnittes die uns eingangs gestellte Aufgabe gelöst zu haben, und denken sogar sie auf eine einfache der Natur der Sache selbst entsprechende Weise gelöst und Alles Ueberflüssige, vermieden zu haben.

Freilich haben wir eben nur das leichter Erreichbare angestrebt, weit davon entfernt, mit unserer Arbeit auf eine vollendete Leistung Anspruch machen zu wollen.

Selbst die Erreichung dieses bescheidenen Zieles wird viele Arbeit und Mühe kosten, denn ohne diese gibt es eben keinen Erfolg.

Wir wünschen recht aufrichtig, daß diese dringende Angelegenheit, diese im eigentlichsten Sinne des Wortes brennende Frage nur recht bald einer endlichen Lösung zugeführt werden möge, und können den kompetenten Organen nicht genug Eifer und Eile bei Bearbeitung dieses Feldes empfehlen.

Unsere Vorschläge gehen jedem zu fürchtenden legislatorischen Principienkampfe, der gewöhnlich ein chronischer wird, aus dem Wege, denn es ist ganz einerlei für die Sache selbst, ob die in dem bestehenden Sanitätspolizei-Apparate einzufügende fehlende Stelle als Staats- oder Gemeinde-Behördestelle eingerichtet, ob das betreffende Haupt derselben Polizei-Rath oder Stadtphysikus genannt wird. Verhehlen wollen wir aber nicht, daß wir entschieden für eine Gemeindeeinrichtung sprechen würden, da die Sanitätspolizei ganz gewiß in die Hände der Gemeinde gehört und auch theilweise schon von ihr gehandhabt wird. Das Neue soll nur das schon Vorhandene ergänzen, die gewünschte Stelle natürlich mit den vorhandenen Organen sofort in die lebhafteste Wechselwirkung gesetzt, das Ganze in vollständig harmonischen Gang gebracht und darin erhalten werden.

Wir halten die Besetzung der Spitze dieser Centralstelle durch einen erfahrenen Arzt nicht nur für sehr zweckmäßig, sondern sogar für unbedingt nothwendig, da in sehr vielen vorkommenden Fällen ärztliches Wissen und ärztliche Erfahrung erforderlich sein werden, die am besten und entschiedensten urtheilen und eingreifen können, wenn sie dem höchst Verantwortlichen in eigener Person zur Verfügung stehen.

Auch neue Geldauslagen werden erforderlich, die sich bekannter Maßen zu jeder Thätigkeit wie die Ursache zur Wirkung verhalten. Wir würden die **Mehrauslagen entschieden von der Prostitution selbst zahlen lassen** durch das Erheben einer kleinen Geldsumme, z. B. von nur 10 kr. für jede ärztliche Untersuchung, die der Arzt zu entrichten hätte, der sich mit seinen Partheien darüber auseinander setzen mag. Natürlich würden ämtliche Untersuchungen von dieser Abgabe ausgeschlossen sein.

Wir sind wohl ganz einverstanden mit der Ansicht des **Alexander Severus, daß von der Prostitution keine Abgabe zum Vortheile des Staates verlangt werden dürfe**, können jedoch nicht einsehen, warum jene nicht die zu ihrem eigensten Vortheile aufgewendeten Mehrauslagen ersetzen sollte. Diese Abgabe würde übrigens weit mehr als die nothwendigen Kosten eintragen, und könnte der Ueberschuß recht gut dazu verwendet werden, einzelnen reumüthigen Sünderinnen wieder den Weg in die ehrliche Gesellschaft zu ermöglichen, oder solchen Unglücklichen eine wohlthätige Hilfe in der Noth zu gewähren u. s. w. Einige wenige Gulden erscheinen zuweilen als Rettungsanker in der Stunde der Verzweiflung und können neue Verbrechen verhindern.

Die angeführten Erörterungen und Vorschläge berühren wohl mit dem Allgemeinen Besten zugleich das Wohl und Wehe der einzelnen Familien, aber dennoch müssen diese letzteren das Hauptschutzmittel vor den Gefahren und Folgen der Prostitution in sich selbst suchen, in ihrem eigenen Familienleben finden.

Alle öffentlichen Einrichtungen werden erfolglos bleiben, wenn nicht die Gesammtbevölkerung in dem Leben der einzelnen Familien für die öffentliche und individuelle Sittlichkeit thätig ist.

Jede Familie möge daher ihre individuellen Pflichten gewissenhaft erfüllen, für eine gute Erziehung der Kinder, für Belebung ihrer schlummernden religiösen und moralischen Gefühle frühzeitig Sorge tragen.

Gründlicher Unterricht, Erkenntniß der Menschenwürde und Entwicklung des Selbstbewußtseins, entsprechende Bildung des Geistes und Kräftigung des Körpers sind unumgänglich nothwendig.

Das gute Beispiel der Eltern, körperliche und geistige Uebungen, Turnen, Reiten, Fechten, Schwimmen u. s. w. werden den Körper gesund erhalten, und dieser wird dann auch eine gesunde Seele zu beherbergen vermögen.

Man eröffne dem kindlichen Geiste bald möglichst die Schönheit der Natur durch ein zweckmäßiges Studium der Naturwissenschaften, und mache ihn empfänglich für den Werth der Künste und Wissenschaften überhaupt.

Eine große Schattenseite des heutigen Familienlebens ist unstreitbar das immer gewaltigere Eindringen des Luxus in das Heiligthum desselben, das frühzeitige Gewöhnen der Kinder an eine üppige Lebensweise.

Je einfacher die Erziehung ist und je weniger künstliche Bedürfnisse das Kind kennen lernt, desto freier und mächtiger wird sich sein Geist und Körper entwickeln können, desto sicherer wird es einst von den Gefahren der Leidenschaften bewahrt bleiben.

Eine besondere Vorsicht ist endlich bei der Aufnahme Fremder in die Familien zu beobachten, besonders bei der Wahl von Lehrern, Erzieherinnen u. s. w., damit nicht der vermeintliche Schild zum giftigen Schwerte und statt des bedungenen Schutzes wegen, für verrätherische Verführung besoldet werde.